CANTO DA TERRA

(UMA PARTILHA EM SEIS PARTOS, UM CAFÉ E TRÊS ATOS)

claudia pucci abrahão

São Paulo, 2015

para Maria Auxiliadora Pucci Abrahão,

minha mãe,

pela amorosa nutrição desde minha chegada,

&

para Alfredo Abrahão Filho,

meu pai,

que desde cedo me instigou a libertar histórias.

aos dois, meu amor eterno

e muita gratidão

pela oportunidade de estar aqui.

Agradeço a:

Djair Guilherme, amor infinito, por me acompanhar nessas tantas travessias;

Pedro, Gabriel, Miguel e Francisco, pelo presente de cada experiência e pela honra de terem me forjado mãe;

Vilma Nishi, parteira querida, pela coragem de espreitar dos umbrais e entregar sua vida a esse sacerdócio divino;

Lizandra Magon de Almeida, Flavia Estevan, Mila Bottura Dias, Denise Guilherme Viotto, Paula Autran, Pedro Colombo, Daniela dos Santos Duarte, Samuel Bueno, Rubia Reame e Daniela Evelise, primeiros leitores (e críticos) deste livro;

e a todos que aqui citados brilham com seus nomes e cores, por fazerem dessa vida uma linda aventura.

Lá estava ele, no centro do palco: enorme, convidativo, inesperado, extracotidiano.

Lá estava ela, sentada, criança, com desejo no coração e frio na espinha. Um puxando pra frente, outro pra trás.

Alguns outros, mais ousados, foram imediatamente.

Ela, pequena, hesitou.

O apresentador do circo fez a última chamada ao passeio. Ela, menina, raspou o pé no chão, moveu o músculo certo que a faria levantar e se jogar, mas no último segundo colou na cadeira. O apresentador abaixou os braços. O tempo acabou.

E o elefante deu cinco voltas pelo picadeiro, e crianças cheias de coragem, lá em cima, pularam no seu cangote.

E ela apenas assistiu à aventura.

E o tempo passou.

E novos elefantes vieram.

que aqui cheguei

(primeiro ato)

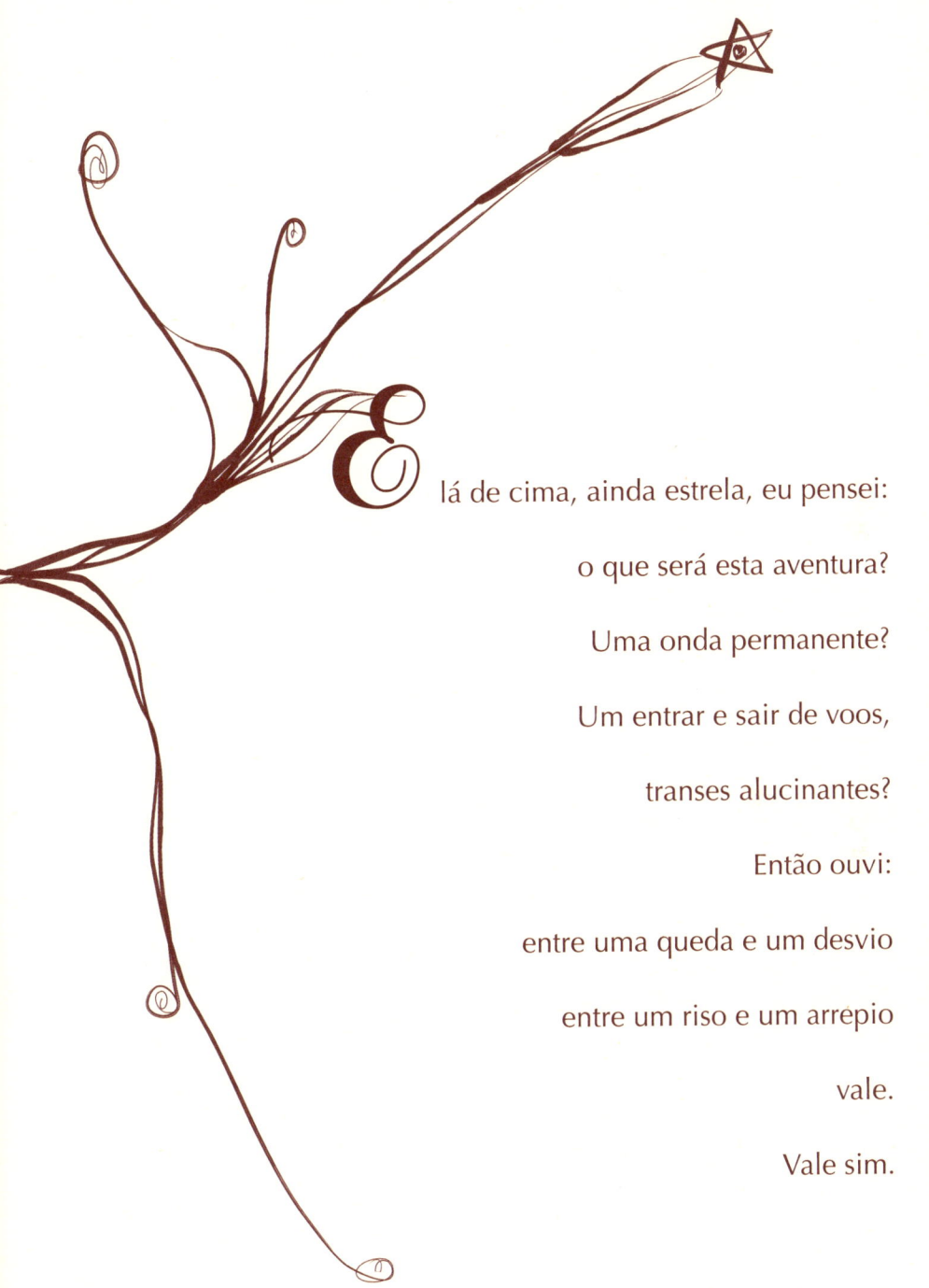

E lá de cima, ainda estrela, eu pensei:

o que será esta aventura?

Uma onda permanente?

Um entrar e sair de voos,

transes alucinantes?

Então ouvi:

entre uma queda e um desvio

entre um riso e um arrepio

vale.

Vale sim.

Ah! Então eu vou.

1975

Achegança

Juiz de Fora, Minas Gerais.

Era maio. Era outono. Estava frio.

Foi num hospital.

Nasci numa família muito digna.

Meu pai era médico e cirurgião. Escolheu a medicina como forma de salvar vidas ou de comprar briga com a morte. O hospital era sua segunda casa, mas naquele dia ele era um espectador. Gostei dele porque era meio louco, e isso pra mim é virtude.

Minha mãe era uma mulher superativa, forte. Certamente a escolhi porque ela conseguia fazer um cavalo empinar sem cair de cima dele.

O médico que atendeu ao parto eu desconheço.

Era o meio dos anos 70, ainda tempos de ferro, gerando rastros de luta e anseios por amor e liberdade. Quanto mais apertavam a brasa, mais a poesia aflorava, e um espírito coletivo nascente cantava uma canção tão profunda que chegou até as estrelas. Eu sei porque ainda estava lá, e ouvi. Deu uma vontade danada de descer e cantar também.

Enquanto os governos endureciam, as corporações cresciam e mimavam, ninavam, reinavam, como um grande colo acessível e saciador dos infinitos desejos. Tais empresas, bastante preocupadas em cuidar do seu bebê, em acordo com hospitais e "sistemas de saúde", já haviam feito muito bem seu trabalho de entrar no imaginário da sociedade – elimine toda a sua dor. Pra que sofrer? Nós cuidamos do seu bebê melhor do que você, mãezinha. *No more tears*.

Durma bem, mamãe. Acorde com sua boneca viva.

Controle absoluto.

Se há uma coisa que vivi na pele é a ideia de que o processo natural do nascimento é subversivo, não obedece a regras. Você pode estar ali, monitorando cada respiração, mas não controla nada do que virá a seguir. É um convite à entrega e só. Não é prático. Não tem hora marcada. Não é politicamente correto. Não é limpinho. Não sorri pra propaganda.

Do meu nascimento, só sei o que me contaram e o que eu senti depois. O que me contaram é simples, e poderia ser a história de centenas de bebês igualmente nascidos no dia 10 de maio de 1975 – esperamos até o limite, sua mãe não teve dilatação suficiente, você estava em sofrimento, precisamos fazer uma cesárea.

Depois soube: é claro que não foi só isso. A chegada nesta vida, independente da forma, é em si um milagre, e não se resume a uma sequência protocolar. Mas a história mesmo só entendi depois, quando consegui escavar toda a riqueza subjetiva sob os escombros da anestesia.

Controle *versus* Fluxo: eis o drama que me trouxe, e a pergunta que ainda carrego. É possível confiar que a vida faça seu trabalho? Ou há sempre um inimigo à espreita, atentando contra o sistema vivo, do qual precisamos sempre nos defender ou fugir?

(importante dizer)

Agradeço imensamente à minha mãe e ao meu pai pelo amor que sempre me deram, e à sua hercúlea tarefa de trazer ao mundo (e depois criar) uma criança incansavelmente questionadora. Já julguei, mas hoje não julgo mais suas escolhas: na hora do parto é tanta intensidade que só pensamos no que é melhor para a criança e, nesse momento, a gente faz o que dá. E assim foi feito: aqui cheguei, e bem, e viva.

Digo isso porque, apesar de ser totalmente a favor de um nascimento natural, empoderado, não faço da minha experiência uma bandeira ou uma prescrição. Defendo a liberdade de cada uma escolher o caminho que lhe pareça melhor na situação que lhe foi dada. Acredito e admiro todas as mestras parteiras vindas de escolas formais ou informais que mantêm viva essa arte importantíssima de fazer da chegada um ato de amor e acolhida, não um procedimento frio e protocolar. Sim, o exemplo de muitas mulheres me inspirou, e foi devido a essas histórias que tive coragem de buscar o caminho que meu coração já pedia. Mas não deixo de respeitar os médicos e enfermeiras que, nos contornos dos hospitais, trabalham diariamente para salvar vidas, lutando sinceramente contra complicações reais que podem acontecer nos trabalhos de parto. Assim como respeito profundamente as milhares de mulheres que escolheram fazer uma cesariana pensando no melhor para sua cria, mesmo sabendo que depois colariam ao já alucinante período do puerpério muitas dores pós-operatórias.

Essa ressalva tem suas razões. Mesmo sabendo da importância de relatar essa forma linda de nascer, também percebo que a palavra "empoderamento" pode virar um dogma, uma regra, uma pressão de eficiência, algo que todas as mulheres deveriam conseguir, e isso acaba gerando o contrário: vira mais uma corrente somada às tantas que já nos prendem, uma demanda do ego ávido por aceitação, mas não da vida.

Todo nascimento merece ser comemorado. Essa frase, dita por Vilma Nishi, a parteira que me ajudou a trazer meus três filhos ao mundo, ressoou em mim como um mantra de aceitação. Ela, que conheceu de perto muitos dos horrores ocorridos em procedimentos hospitalares – muitas vezes disfarçados de cuidado e precaução –, sabe bem que o mais importante de tudo é que as vidas aflorem neste planeta, seja da forma que for.

Contudo, não me furto ao direito de rever a época do meu nascimento à luz da minha percepção de agora, sabendo do poder de multinacionais que ganham milhões gerando demandas artificiais e vendo meu país tornar-se campeão de cesáreas. Algo como um super-herói salvando indefesas mulheres de uma dor desnecessária, tentando controlar o incontrolável, domesticando a selva, o calor e o ardor que nos representa na nossa essência: não seria o Brasil uma mulher linda, exuberante e livre?

É possível ser uma mulher assim?

Depois de viver os partos de forma natural, em casa, percebi o quanto custa libertar a princesa encarcerada. Ou melhor, o quanto é difícil dizer para ela: "Sai daí, *hermana*! Você tem duas pernas e toda a força da Terra entre elas, e isso basta! Vai!".

Realmente, o que acontece a partir dessa entrega é incrível.

Mas essa foi a minha escolha.

Então, respeito profundamente minha mãe por ter aberto as portas da vida para que eu desfrutasse desta existência, e pelo apoio e nutrição que recebo até hoje.

E sei que as escolhas que ela fez naquele 10 de maio foram as que seu coração apontou.

(voltando à chegança)

O período anterior ao meu nascimento foi recheado de momentos dramáticos. Antes que minha mãe estivesse grávida de mim, sofreu um aborto espontâneo. E, no começo da minha existência como embrião, voltou a ter sangramentos. Meu pai, na sua batalha contra a ceifadora, comentou sua preocupação com um dos seus clientes no consultório – que era filho de um índio – e ganhou um combinado de ervas e raízes pra "segurar" o bebê. Funcionou.

Aqui aportei. Eu nasci num sábado à tarde.

Uma questão me intriga: minha mãe só foi me conhecer no domingo pela manhã. Entre a hora da chegada e o calor do colo, onde estive?

Talvez ainda com os anjos.

Já revisitei essa experiência algumas vezes. Já sucumbi à tentação de usar esse momento para justificar uma solidão essencial e a extrema dificuldade de ficar a sós comigo mesma, sem estar mergulhada num turbilhão de pessoas e compromissos.

Então a vida se reduz a isso? Um futuro fugindo de um passado?

Quero colo! Cadê minha mãe?

Por um tempo pensei assim. Não guardei ressentimentos dos meus pais, mas por um tempo guerreei secretamente com o médico cesarista que talvez tivesse mais o que fazer no sábado à noite. Ou, na melhor das hipóteses, talvez ele também estivesse aterrorizado frente à ausência total de controle, frente a todas as possibilidades trágicas que acompanhavam seu imaginário cotidianamente. O hospital era sua arena, ele, o ator principal, e não poderia decepcionar a plateia, nem a si mesmo, custasse o que tivesse que custar. O terror diante do nascimento abre um campo imenso a qualquer chantagem emocional e, diante de qualquer perigo possível, o que mais uma mãe faria? O que mais um pai acostumado a duelar com a morte empunhando bisturis faria? Ela está em sofrimento. Estaria mesmo?

Depois entendi que sofrimento é escolha: escolha por me eleger vítima e escolha pelo conforto de um inimigo em quem poderia projetar todo o mal e me livrar da temível liberdade de ser. O sofrimento como imposto pago à dádiva de viver, tão respeitado e enaltecido, justificando pecados, justificando mediocridades, ou uma existência reduzida à simples compensação de um medo essencial que me leva ao modo-sobrevivência e bloqueia o acesso aos espaços mais profundos e interessantes. Lugares democraticamente nossos, o real lugar do Ser Humano, por essência. Mas que, no espírito da nossa época, é tido como privilégio, coisa de poucos, eleitos.

A crença no sofrimento inicial me prendeu a um argumento de vingança. Mas isso só fui entender mais tarde, frente a frente com meu inimigo, numa guerra dura, fria, mas difícil de largar, já que nela eu me reconhecia. Um campo árido que me definhava, mas me definia.

Naquele dia, eram duas circulares de cordão. Sempre me enrosco nas coisas.

Foi feita uma escolha: anestesia geral.

E eu nasci. E isso foi celebrado, porque eu era muito desejada e querida. Meus pais esperavam ansiosamente o primeiro filho (na época não havia como saber o sexo) e o chamado foi muito, muito forte. Um convite ao som de tambores.

Sempre tive ligações fortes com a raça vermelha. Certa vez, contando a um curandeiro o caso do meu pai e seu amigo índio, ele me disse: "Ah! Então você é uma filha da terra".

Sim, eu sou. Taurina, teimosa, terrena.

E com forte conexão com as pedras, raízes e plantas de poder. Tive poucas experiências, todas muito intensas. Levo muito tempo pra digerir cada uma delas, anos. E foi justamente num desses momentos que minha história emergiu.

Uma história muito, muito antiga.

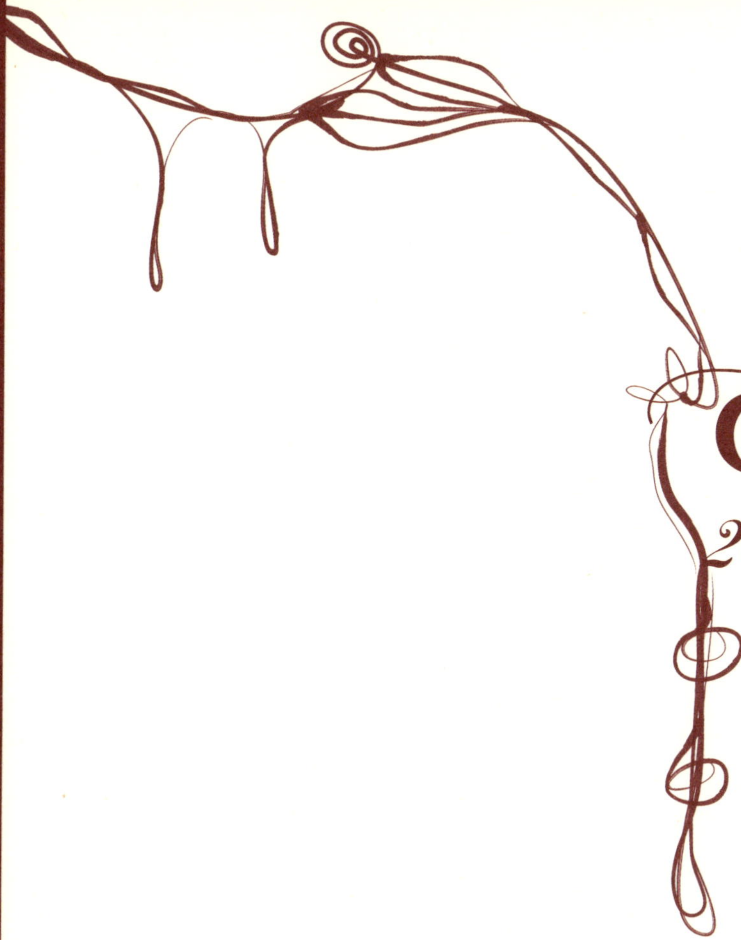

*E*ra
2006.

Eu estava, então, frente ao fogo. Era inverno, e estava gelado. O ritual estava encerrado, mas eu continuava muito longe. Com sede, com frio, entre os mundos, e diante da única fonte de luz e calor possível. Imóvel como uma pedra. Desejava fervorosamente que alguém me trouxesse um copo de água. Desejava fervorosamente que o líquido essencial da vida viesse de bandeja. Mas eu não conseguia pedir, meu espírito não deixaria essa negligência acontecer novamente. As palavras simplesmente não saíam. Frio e sede, frio e sede, e a imobilidade.

A luta contra o controle. Um desejo essencial de vida contra a apatia, a imobilidade. Anestesia.

Alguém me ajude! Alguém me tire daqui! Alguém me traga a vida! Por que era tão difícil seguir?

Inútil pergunta. Inútil procurar culpados. Depois, justamente ao escrever tantas peças teatrais, percebi que a cadeia de causa-e-efeito é só uma forma de perceber um quadro, e nele não há vítimas, só personagens representando um drama. Personagens que, mais do que no mundo externo, povoam nossa paisagem interna, emitem sinais, falam através da nossa fala ou distorcem nosso olhar para ver do lado de fora, projetado no outro, seu rosto. Antes eu não acreditava nisso, nem via acontecer, como se a "imaginação" fosse algo tão controlável quanto um espirro, mas aos poucos fui percebendo que sua existência é tão potente, tão real, que esses dramas provocam as ações externas, levam nossas pernas às mesmas experiências na vida cotidiana, ao encontro desses mesmos personagens que gritam pedindo confronto. Que gritam pedindo entendimento. Alguns deles são terríveis, assustadores mesmo. Sei lá por que existem ali, mas não adianta negá-los, porque eles vêm à tona quando a gente menos espera, e geralmente nas horas mais inadequadas. Como naquele momento, em que eu estava congelada na frente do fogo, morrendo de sede e tremendo de medo.

Então eu o vi: ficamos frente a frente. O controlador de vidas e eu. A vida trazida na bandeja em troca de obediência. A vida fácil em troca da própria vida.

Ele me traria tudo, eu só precisaria existir. Ele me faria nascer, eu só precisaria me deitar em seus braços e me entregar à sua liderança.

Ele não era Deus. Era só um humano, igual a mim. Mas exigia devoção divina em troca da segurança. Me permitiria ficar ali, nas migalhas de fogo, levaria até mim o alimento essencial, e só exigia de mim o mínimo: que vivesse tranquila, imóvel e confiasse a ele minha sua existência. Certa vez, eu cedi. Num passado distante, sucumbi. Ali morava, novamente, a tendência: repetiria a entrega de mim?

O terror daquele drama descongelou minhas pernas. O drama revivido tantas e tantas vezes em futuros atos cotidianos, o mesmo argumento conduzido pelas mãos cuidadosas do cirurgião que "me trouxe à luz". Terei eu me enrolado na saída, sem tempo para corrigir meu erro, e alguém tomou a ação para si e "me salvou do sofrimento"? Teria eu morrido se tentasse, por mim, fazer a passagem? E se tivesse tomado em minhas mãos a intensa loucura de me fazer viver?

Mas de que importavam essas perguntas, se elas só me levavam a um culpado? Se elas me reafirmariam no papel de vítima perfeita? Se aprisionavam o outro num papel de algoz? Se elas ainda me encarceravam nesse drama eterno, minha impotência frente à anestesia?

Então fiz o que já havia feito tantas vezes no teatro: reescrevi as cenas. Num ato dificílimo, levantei. Afastei-me do fogo em busca da água, ainda tocada pelo transe, com a cabeça nas nuvens e os pés mal tocando a terra. Ao tomar consciência da minha participação naquele acordo, não me serviam mais nem o papel da prisioneira, nem o da heroína (duas faces da mesma moeda): retirei minhas forças daquela batalha inútil. Não me importava mais aquele homem e seu bisturi, era só necessário viver. Cada passo era uma contração. Na paisagem externa, objetiva, o bebedouro estava a poucos metros, mas era quase impossível coordenar a atenção, o torpor era muito, e cada pisada no chão tinha o peso de séculos. Séculos de controle e opressão. Séculos de espera e submissão. Séculos de imobilidade. Séculos de um pacto firmado. Levava em cada perna a corrente atada às pernas de tantas e tantas que me antecederam, das minhas ancestrais de rosto encoberto, daquelas que foram queimadas. Quem fui, quem ainda era, escolhendo não mais me submeter, escolhendo o esforço à vida fácil, recolhendo o poder derramado de bandeja.

Algumas eras mais tarde, cheguei ao bebedouro. E, quando bebi o líquido, minha boca não era mais a mesma.

Eu não sabia, mas meu caminhar rumo à agua fez fluir e mover um peso imemorial.

Poucos meses depois, engravidei do meu primeiro filho.

Eu estava pronta para a grande travessia.

que aqui pari

(segundo ato)

A difícil descida à terra de todos os partos.

Num tempo de desequilíbrio, brotei.
Numa era de espadas e pontas, aportei.
Peguei também minhas armas
(ainda que fossem perfumes)
vesti também minhas fardas
(ainda que fossem rendadas)
assim cresci, moleque, achando-me fêmea
(ainda que, longe, ouvindo o chamado).

A andança, sempre urgente
ganhar mundos, ganhar sóis.
De batalha em batalha, a conquista do espaço: eis a
aventura que aprendi a desejar.

(E ainda desejo, sonho, busco.)

Mas o lindo das aventuranças são as grandes reviravoltas.

No meio dessa história, arredondei.
Tornei-me invólucro e matéria da mais incrível alquimia
e, enquanto gestava,

o chamado distante tornou-se som-semente.

Do centro de tudo, em espiral ascendente,
em sutil rememória.

Junto com a cria algo mais renascia,
trazendo os espaços vazios da espera,
fazendo da espada um contorno de esfera,
levando aos ouvidos os cantos

da terra.

Não aquela que se conquista: a que se torna
no ato de abrir-se, inteira,
tornar-se toda passagem
para o humilde

descer.

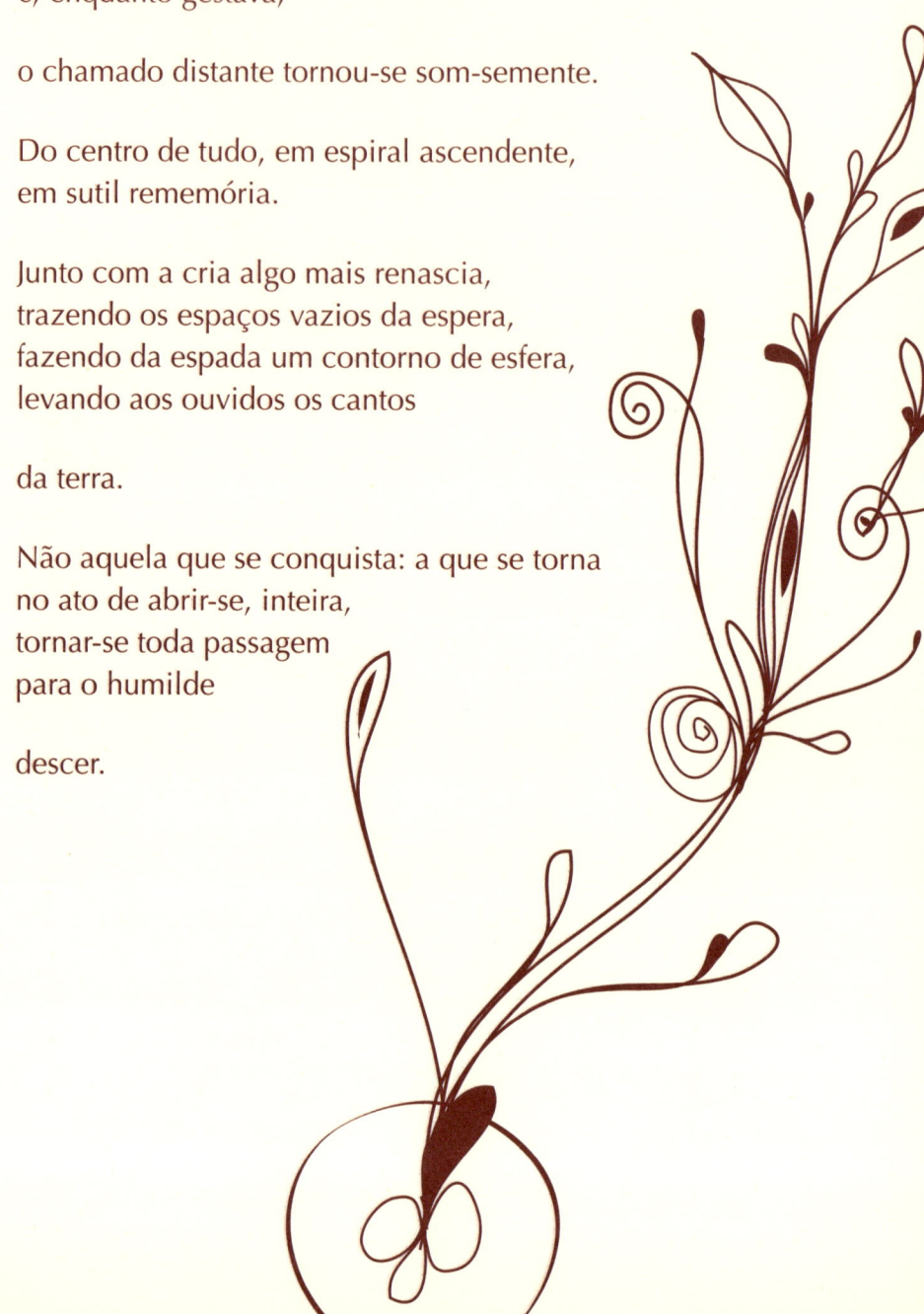

A história atrás dessas tantas histórias

Um divisor de águas. Assim foi cada um dos partos que vivi.

Cresci carente de ritos de passagem, numa geração que já vivia aventuras mais dramáticas nas telas eletrônicas que na vida cotidiana. Nasci em tempos de ferro e fogo, fruto da anestesia coletiva, da infantilização dos coletivos, de gritos urgentes reprimidos. Mas também, nem sei como, sorvi da atmosfera a brisa psicodélica e transformadora que emanava nessa época, um estado de abertura espiritual coexistente com os regimes autoritários.

Respirei, junto à primeira lufada de ar nos meus pulmões recém-abertos, a necessidade de liberdade e de amor.

Talvez tenha nascido respondendo a esse chamado.

Ainda criança, gostava da festa. Do canto, da dança, da graça, da floresta. Nas histórias-refúgio, eu engendrava futuros universos, épicas aventuras, grandes desafios. Nos infinitos mundos das infinitas realidades, eu navegava, feliz, levando comigo uma pequena bolsa com os tesouros essenciais: um canivete de cabo de madrepérola, um bocado de estrelas autocolantes e fluorescentes, uma bússola, algumas pedras e um patinho de vidro. Mais tarde, um livro. *A história sem fim*: a história que mais me aterrorizou por trazer o mais perfeito desenho do grande Nada – o vazio absurdo que corrói o mundo interior.

(Depois, enquanto eu crescia, telas e prozacs povoaram o mundo.)

Buscando entender essas telas, atraída pelas artes da representação, saí de Juiz de Fora, onde vivia numa casa deliciosa, deixando pra trás a família, um namorado querido e meus 17 anos de história já vivida, a fim de me aventurar na mata-megalópole que povoava meus devaneios de ganhar mundo.

Em São Paulo segui meu sonho: formei-me artista, também humanista. Conheci o teatro, o cinema, a arte das palavras, depois deparei com realidades até então encobertas pelo excesso de zelo: no ativismo social do Movimento Humanista, percorri cantos e gentes totalmente inesperados. Algumas dessas realidades registrei com lentes de documentários, depois incorporei como parte também de meu mundo. Não era mais eu e eles: éramos nós, a gente que se pretende uma nação universal conectada por uma mesma canção.

Enquanto eu amadurecia, a chamada "internet" cresceu e conectou cada mente.

Sem perceber, minha realidade abrangia, e eu deixava pra trás aquela menina com sede de sonho. Eu havia me tornado o meu sonho, mas ele seguia se transformando e me pedindo por mais.

Nesse caminho, errei, errei. Na aventura sempre cabiam as grandes paixões e seus desafios. Foram muitas as buscas. Era demais o desejo da pele, mas ainda maior o ímpeto da liberdade. Essa disputa era árdua, mas o amor sempre esteve no roteiro das minhas travessias. Mesmo no tempo em que, precisando me despir de tantos estereótipos adquiridos, preferi andar com dois pés. Conheci a liberdade de não ser metade de nada: só um inteiro em conexão. E só então encontrei – entre os muros da USP e o mapa dos caminhos, entre o drama dos palcos e os riscos dos bares – um homem com buscas parecidas: Djair Guilherme. Ator maravilhoso, pensador da vida, coração generoso, inventor de máquinas e construtor de realidades.

2001

Um rapto-beijo
nascido da arena

Quer aprender a contar histórias? Vá ao teatro!

Esse foi o conselho do Antônio Mercado, professor e querido mestre, ao perceber a escritora que gritava entre meus dentes. O teatro, para mim, não era novidade, mas sempre esteve no campo amador. Passar a levá-lo a sério foi como a conquista do Eldorado.

O desejo de pertencer àquele lugar era tanto que a expectativa sempre aparecia na frente e acabava adiando minha entrada no templo de Dionísio. Sempre foi uma paixão, desde a infância, mas toda vez que eu subia num palco a palpitação era muita e a voz sumia. Quando percebi que minha vocação era mesmo a da escrita, encontrei meu lugar no cantinho da sala de ensaios, entre cadernos de mil anotações, onde me formei como dramaturga. Eu ainda cursava Cinema na ECA (Escola de Comunicações e Artes da USP), mas passei a frequentar também as aulas de Antônio Araújo (Tó) no curso de Artes Cênicas, onde pude me iniciar como dramaturga, descobrir minha casa e fazer muitos novos amigos: Ana Roxo, René Piazentin, Paulinho Panzeri e mais um monte de gente que me ajudou a botar pra fora a louca que sempre fui.

O que viria pela frente não era apenas um amor pelas palavras de cena. Movida por uma sensação de plenitude, eu acabei formando um ninho para um lindo encontro, mais próximo do que eu poderia imaginar.

Nesse tempo, eu vivia assistindo a todas as peças que eram representadas no teatro da ECA, e já havia visto o Djair atuando em várias montagens. Já havia chorado ao ver sua interpretação em cena e era amiga de um monte de amigos dele, mas até então não havíamos sido apresentados. Num dia, esperando uma aula, eu estava de bobeira em frente ao teatro e ele veio me cumprimentar. Eu estranhei:

Ué? Você me conhece?

Não? Acho que sim.

Eu te conheço, mas é do palco. Mas eu acho que você não me conhecia não.

Engraçado, tinha achado que sim.

Oi, então.

Oi.

Naquela época eu estava fazendo a dramaturgia de uma adaptação do *Frankenstein* que o René estava dirigindo, e a gente saía praticamente de segunda a segunda, depois dos ensaios, pra ir beber no Riviera Bar, no tempo em que a conta ainda era barata, havia baratas circulando secretamente e podíamos mexer à vontade numa *jukebox* incrível. Numa dessas, celebrando um aniversário de uma amiga comum, o Dja e eu nos encontramos de novo, e já não precisamos perder tempo com apresentações. Ainda bem que a noite foi longa, porque a gente teve muito assunto e a vontade de beijar era grande. E deu pra fazer as duas coisas, em doses elevadas.

No dia seguinte, fui nadar no clube da USP. Eu amava nadar naquela piscina, sempre saía em estado de graça. Enquanto cruzava a Praça do Relógio, que fica entre a piscina e a ECA, a imagem do Djair me veio à cabeça, meio misturada àquele êxtase de quem acaba de fazer uma coisa que ama. Nessa imagem, ele estava com uma camiseta vermelha meio rosada, e sorria. E deu saudade daquele encontro tão leve, onde demos tanta risada juntos, onde pudemos ser espontâneos e felizes sem nos preocupar com o que o outro pensava.

Meio minuto depois, virei uma esquina e dei de cara com ele, com uma camiseta vermelha meio rosada. Ele sorriu. Depois foi logo me dando um beijo. Eu devo ter feito uma cara bem estranha, porque ele achou que eu não tinha gostado.

Claro que eu tinha gostado, mas aquilo foi mais do que um beijo. Foi um susto.

Uma sensação de destino.

Desde então, estamos juntos.

Aventuramos. Criamos. Na arte, na militância, nas buscas espirituais, sempre entrelaçávamos os caminhos sem o menor esforço. Cada um no seu ritmo, o lugar para onde queríamos (e ainda queremos) ir era o mesmo, e sempre, também, em coletivos. Nós dois compartilhamos o gosto pelas pessoas e nos reconhecemos nessa festa que é a mandala de relações tecida a cada nova amizade que se forma, como novos pontinhos de luz no mapa das constelações.

Minha vida é todinha essa ciranda.

Por isso fiz questão de citar vários nomes ao longo desses relatos.

Para colorir de gente,

para cruzar paralelas,

e para deixar claro que nossa história não se conta só.

2006

*Um banho
depois de um café*

Um grande novo pontinho começava então a ser sonhado para integrar nossa constelação: estava no meu caminho a maternidade. Caminho nada óbvio para quem sonhava em navegar pelo mundo. As trajetórias de princesas encarceradas me aterrorizavam, assim como a opção pela espera.

Eu muito temia os grandes vazios.

Eu era prevenida: regrada nos anticoncepcionais.

Então ouvi uma voz, juro, que foi assim: "Pare de tomar a pílula". Não foi o Odair José. Nem era uma musiquinha. Foi uma voz mesmo, que depois eu aprendi a escutar com mais frequência.

Minha primeira reação a qualquer frase no imperativo é contradizer.

Mas dessa vez foi inquestionável: foi como um pedido das células. Só parei de tomar a medicação, já antevendo o que me esperava. Nos dias seguintes, uma profusão de sinais: uma crise de choro emocionado ao ver, num teatro de rua, uma criança contracenando com sua mãe; uma amiga grávida que me pediu uma sessão de fotos; crianças e mais crianças pipocando na minha paisagem...

...e eu, que recém-descobrira a permacultura, uma forma revolucionária de interagir com a terra, as relações e os sistemas vivos...

Era ela, a terra, convidando a ver sua sede de cuidado, a total ineficiência dos controles. Era só o começo de uma profunda transformação.

Dois meses depois, num ímpeto, comprei um teste de gravidez. Era um desses que só se faz pela manhã. Foi uma longa e insone noite. Na época, a gente vivia numa casinha assobradada na Vila Romana, um bairro antes operário que estava sendo posto abaixo pela sanha das grandes construtoras, substituindo o tilintar dos passarinhos pelo bate-estaca do concreto acinzentado.

Naquela manhã, o chão tremeu.

Cada segundo em que as duas tiras tornavam-se mais e mais cor-de-rosa era uma batida mais forte martelando de dentro pra fora.

Eu só tremi, dos pés à cabeça.

Depois abracei, em prantos, meu companheiro de jornada.

A partir dali, o que eu experimentei foi uma longa subida rumo ao topo da montanha-russa. A porta aberta do avião no momento anterior ao salto de paraquedas. O frio na barriga ao se saber frente à morte iminente.

Tudo isso eu bebi misturado ao açúcar do momento, ao compartilharmos um café. O mais louco café que eu já havia tomado.

Logo em seguida também tomei o banho mais longo da minha vida. Porque nele fui capturada, só retornando muito tempo depois: havia nascido uma mãe.

2006/2007

A primeira grande espera

O mais louco desse tempo de espera é ficar tanto tempo sozinha. Ou comigo mesma – dá na mesma. E quanto mais comigo estou, menos sei que pessoa

(é? sou?)

essa. Esperar é um derretimento. Esperar é escoar.

O telefone tocou, e ela atendeu de pronto.

Oi, Vilma! Uma amiga nossa, a Paula Picarelli, falou de você... Queria marcar uma conversa. Soube que você atende os partos em casa, mas ainda não sei se é isso...

(...) Quantas semanas? Tô no comecinho ainda, umas 5 ou 6, acho.

(...) Ah, tá.

Desliguei. Djair esperava a resposta.

Ela disse que ainda não é hora de pensar no parto. Só na gravidez.

Essa é a Vilma Nishi. Uma mulher bastante conhecida no meio das pessoas que se interessam pelo parto humanizado. Vou falar muito da Vilma, não só por ela ter participado de alguns dos momentos mais importantes da minha vida, mas por ela ser uma pessoa incrível, daquelas que se agradece aos deuses a oportunidade de ter conhecido. Sem mais adjetivos, porque essa babação não combina com ela. Os fatos falam por si, a começar por esse primeiro diálogo que trocamos ao telefone.

Como não teria que pensar no parto? Não era esse o grande momento? O que era "viver a gravidez"?

No nosso primeiro encontro, lá estava a "japonesa paraguaia", como ela mesma gosta de se chamar. Olhinhos penetrantes, alma generosa, língua afiadíssima.

Vocês vão ter que me convencer de que querem um parto domiciliar.

Pronto, gostei. Sem autopropaganda. Sem manipulação. Um respeito absoluto pelas escolhas, sobretudo pelas decisões da mulher. Eu tinha um caminhão de dúvidas, morria de medo de abrir mão de toda a estrutura hospitalar, porque o demônio chantagista do "e se" sempre se sentiu muito à vontade pra sussurrar no meio dos meus planos futuros.

Ela, com toda a paciência do mundo, foi desmontando tijolo por tijolo minha torre de medos e dúvidas. Foram anos de história para contar, foram anos de experiência em hospitais, até que ela começou a atender partos em casa. Foram muitas as mulheres que chegaram até mim através de seus relatos, e essas experiências, pouco a pouco, me trouxeram a coragem de realizar o que meu íntimo estava pedindo.

Viver a gravidez... Foi um tempo maravilhoso. Eu nunca parava em casa, mas era como se pudesse levar minha morada pra todo canto que ia, de tão feliz que estava.

Na época, eu dividia meu tempo entre o teatro, algumas aulas na ESPM como professora de audiovisual e o ativismo social-espiritual no Movimento Humanista, um grande coletivo de origem latino-americana que surgiu do intento de se construir uma sociedade multiculturalista, situando o ser humano como valor central. Criado nos anos 70 pelo pensador argentino Silo, consolidou-se a partir de um grupo que se aprofundava em técnicas de expansão da consciência, com bases na não violência ativa e nas grandes escolas iniciáticas (originadas no Oriente) que promoviam, com práticas distintas, o contato com os espaços profundos.

Esse foi um momento muito inspirado da minha vida. Eu orientava grupos com atividades em prol das questões ambientais e da mídia livre. Nossa sede ficava na Santa Cecília, e era recheada de rostos amigos: Rogério, Flavia, Samuel, Denise, Erica, Soares, Leandro, Diego, Cátia, Dani, Dri, Silvia, Laura, Jorge, Vitor, Aninha, Roberto, Juan, Nira, Maria, Paula, Rodrigo, Léo, Aninha, Daniela, Pablo, Roberta, Régis, Rafael, Robson, Kiko, Ana Terra, Gessé, Michael, Manu, Lia, Priscila, Glenda, Carlinhos, Fran, Marcos, Jefferson, Cone, e tantas e tantas pessoas que passavam por aquele espaço toscamente (des)organizado, repleto de zines, cartazes, xícaras, cadeiras e mesas capengas, cafés e cafeteiras velhas, livros e, principalmente, espaços. Espaços para trocas, para conversas, para horas e horas traçando planos para levar ao mundo inteiro uma mensagem de não violência. Espaços pra olhar pra gente, para as próprias misérias e para as grandes virtudes, cuidando de umas e multiplicando as outras em muitos projetos comuns. Espaços para conversar entre nós mesmos e achar o que havia além das muralhas sociais, dissolvendo a dura camada que nos apartava do reconhecimento de sermos parte de uma coisa só.

Mas para a minha mente buscadora o mundo ainda reservava outras pérolas em outros lugares. Além das várias atividades no âmbito social, também desenvolvia uma investigação no campo do xamanismo, com viagens constantes a uma chácara em Pariquera-Açu, onde vive uma grande amiga, Maria Esther Pallares, que já iniciara essa trilha em busca do sentido espiritual havia muitos anos. Com a Esther, conheci etnias indígenas, comunidades quilombolas e uma das grandes maravilhas da humanidade: a agrofloresta. A cada viagem, durante essa estadia no coração da Mata Atlântica, conhecia ativistas da terra, índios de diversas etnias, agricultores orgânicos, educadores e tantas pessoas maravilhosas que passavam pela chácara Toque Natural e traziam seus feitos, descobertas e sonhos regados à música que cantávamos na fogueira.

E ainda havia tempo para mais: o teatro era outro espaço querido, junto à Companhia dos Dramaturgos, coletivo de escritores do qual eu participava. Nos conhecemos num *workshop* realizado no Centro Cultural São Paulo ministrado pelo Royal Court Theatre, teatro inglês considerado referência em dramaturgia contemporânea, em cuja sede um ano depois eu passaria um mês numa residência artística. Nesse tempo fora, errando na terra de Shakespeare, entendi que meu destino estava definitivamente atrelado à escrita.

Mas, antes dessa viagem, a experiência real era no Brasil, pensando em nossas questões, discutindo com outros dramaturgos e dividindo as dificuldades do ofício de construir histórias. E como achamos tão bom ficar palpitando no trabalho uns dos outros decidimos fazer isso mais vezes. Lucienne, Ana Roxo, Cássio, Paula, Walmir, Fábio, Marcos, Jonas, Carlos, todos nós justapostos numa salinha de uma linda casa feita por Ramos de Azevedo que insiste em sobreviver em plena avenida Paulista: a Casa das Rosas. Lá realizávamos nossos encontros para trocar impressões sobre as peças que cada um estava desenvolvendo, alternando essas discussões com trocas com Silvana Garcia, Luiz Alberto de Abreu e diversos amigos diretores e atores que dividiam conosco inquietudes artísticas semelhantes.

O prazer da escrita crescia tal como a barriga, e cantava dentro de mim o musical *Na gira reta do delírio*, texto que desenvolvi em constante diálogo com Heron Coelho e cuja história era ambientada numa escola de samba emergente que vivia um grande dilema:

seguir sua tradição ou mudar completamente de rumo a partir do patrocínio concedido por uma corporação nefasta. Raízes ancestrais *versus* pragmatismo do Deus-dinheiro, eis a peça que saía de meu imaginário naquele momento, e que comecei a escrever a partir da sua imagem final: uma porta-bandeira que girava, livre, soltando de si todo o peso, as máscaras, os adereços inúteis, como a própria Terra em seu eixo, como se a vida e sua natureza fossem maiores que um sistema de crenças limitante. Sem ainda saber, eu também me limpava de todo o excesso acumulado, preparando meu espírito para o que realmente importava: como se eu existisse também só para isso, girar, cantar e escrever. Éramos a poesia e eu, meu encontro com as palavras que ali se tornavam mais fortes, promessa de casamento eterno. E a escrita pra cena, cercada de pessoas e ensaios, cada vez mais me encantava.

Foi um tempo delicioso. Eu sentia que estava exatamente onde deveria estar: entre a militância e a arte. Com tantas experiências fora, orientando grupos ativistas, a escrita teatral também me abriu as portas para minha paisagem interna, ajudando a converter minhas descobertas, terrores, alegrias e conflitos em vida concentrada, a arte da cena. E lá, entre amigos, perfumes e espinhos, selei de vez minha vocação a serviço das histórias.

Toda essa paixão era também fusão com o ser que em mim se formava. Teria ele, também, uma alma de bardo? Inquieto, errante, delirante? Porque era assim que eu passava meus dias enquanto ficava cada vez mais lunar: alternando longas viagens pelo imaginário, mambembando dos palcos às matas, das matas aos cantos da metrópole, das minhas aulas para um ensaio, de uma conversa a outra, de um projeto a outro. Em síntese, passava, literalmente, o dia todo em movimento, entre múltiplos universos e suas atividades, feliz da vida com cada uma delas, enquanto dentro de mim uma nova vida me aguardava.

E não era apenas um bebê. Com ele, nasceria uma rotina completamente diferente. O mundo externo ficaria em silêncio, e o interno se revelaria com tudo.

Mas isso, na época, eu ainda não sabia.

A cada encontro com a Vilma, minhas certezas de querer viver um parto em casa aumentavam.

Minha família ficou desesperada. A lista dos "e ses" cresceu consideravelmente e, mesmo que eu soubesse que isso vinha como preocupação e cuidado, gerava uma forte pressão. Por sorte, minha teimosia dessa vez me ajudou. Se há uma coisa que descobri nesse longo percurso que vai do teste positivo à maternidade é que não dá pra agradar todo mundo, e algumas escolhas são absolutamente divergentes. Se o caminho se mostra genuíno, tome uma decisão e pronto: confie.

Mas essa "teimosia" só conseguiu se sustentar porque tinha bases sólidas. Nossa decisão (era essencial que fosse uma parceria) não havia sido construída a partir de um modismo, ou de uma rebeldia, mas de uma atração pelas coisas vivas, pelos elementais, pelo cheiro do mato, pela textura da pedra, pelo poder das plantas. Tudo isso era parte de mim, e parir sem anestesias era simplesmente parte desse mundo também.

Mas e a dor?

Minha curiosidade sempre foi tão grande quanto meu medo.

Uma coisa me intrigava: todos os processos que colaboram para a preservação da vida geram prazer: transar, comer, beber, dormir, mover o corpo. Por que justo o nascer tinha esse estigma de ser banhado de dor? Que raio de dor era essa? Pra que servia?

Parte do meu ofício como criadora de histórias é entender esse ser que somos, ou pelo menos fazer perguntas sem me contentar com as respostas apressadas. E eu não queria deixar passar essa oportunidade de viver uma experiência tão intensa. Não, isso me pertencia. Eu, que tanto reclamava a falta dos ritos de passagem no mundo contemporâneo, não queria abrir mão daquela oportunidade.

Os encontros mensais com a Vilma eram renovadores dessa certeza. Escolhemos ir sempre juntos, o que também foi fundamental: com o primeiro filho, nasce uma família, e essas conversas trouxeram muita cumplicidade e afinação. Compartilhar as expectativas, os primeiros movimentos do bebê, a escolha (ou a escuta) do nome, tudo isso foi ampliando e transformando o amor que juntou nossas duas estrelas no mesmo ponto do mapa e que seria a base mais importante de todas para a tarefa que nos esperava.

O primeiro ultrassom já foi revelador, era um pulso que ressoava a galope, cantando que a vida começa no coração. A cada mês, eu realizava exames de rotina acompanhadas pela doutora Sheu, complementando os atendimentos com a Vilma e garantindo que um parto domiciliar fosse possível. Também fui amparada semanalmente pelas agulhas chinesas da amiga-irmã Flavia Estevan, que conseguia estabilizar um pouco a montanha-russa dos humores ao longo da gestação. A Flavia, sem saber, atrelou sua trajetória a essa história: de bailarina já havia passado a acupunturista, mas também estava na sua linha do tempo se formar como obstetriz e trabalhar diretamente com a Vilma. Mas isso só aconteceria anos depois, inspirada pelo chamado da ocitocina que ela sentiu no ar ao visitar nossa casa poucos minutos após a chegada de Pedro. Sincronicidade? Destino? Uma outra (e linda) história, das tantas tecidas a partir desse sonho.

Sim, era um sonho fiado com muito carinho. De mãos dadas atravessamos, Djair e eu, todas as luas dessa gestação, cada vez mais ampliando nossa certeza de que esse seria um grande momento. Essa parceria foi absolutamente essencial. Temos em comum a mania de reinventar as coisas, de fazer do nosso jeito, ou do jeito das pessoas com as quais estamos de acordo, não importando se o resto do mundo concorda ou não. Claro, muitas vezes a gente quebra a cara ou dá cabeçadas – inclusive um com o outro –, mas essa forma nos garante um mínimo de integridade e é a única capaz de satisfazer nossa natureza criadora.

Assim, mês a mês, fomos abrindo espaço, abrindo lugar pro novo. Desmontamos pilhas de livros, computadores, impressora e muitas tralhas que a gente acumulava em um espaço que insistia em chamar de escritório, e ali fizemos um novo cômodo – limpo, leve, lindo: o quarto do Pedro. Para Djair, foi esse o momento máximo de conexão: a montagem do berço. Foi quando sentiu no próprio corpo a proximidade do nosso filho. Para mim, essa presença era tão constante que já não sabia mais onde eu terminava e onde começava o bebê. Lá dentro, junto com ele, um mundo inteiro se movia. Depois de um tempo, entendi o que a Vilma quis dizer com "viver a gravidez". É um parque de diversões. É um show de sensações, intuições, uma graça por dia caindo dos céus, se eu conseguisse parar um pouco e ouvir. Pelo menos, foi isso o que eu senti. E o mais interessante: além da alegria, das escutas constantes, de me sentir linda e redonda, veio um estado que eu jamais imaginaria sentir: uma vulnerabilidade até então desconhecida, ou não permitida.

Empoderamento feminino é uma das expressões em voga. Eu acho uma linda expressão, realmente, SE não se tornar um dogma. SE não retirar da lista todos os fracassos, todos os medos, todas as incertezas, todas as ações tortas. Para mim, uma mulher empoderada não é a Mulher Maravilha. Ela não tem superpoderes. Ela não está sentada sobre certezas absolutas. Ela não tem o dedo apontado pra sociedade. Ela não usa tantos pontos finais.

(muitas vezes, hesita)

... Tantas vezes, duvida... amolece. Perde a fé. Cai no nevoeiro.

E era essa a experiência que me aguardava...

... Eu, que tanto fazia, que tanto criava, que tanto pensava, que tanto executava, que tanto me mexia...

... E uma das grandes provas, especialmente no final da gestação, foi suportar abrir mão de tanto movimento externo,

abrir mão das conquistas sociais,

abrir mão de estar em todas as fotos,

em todos os fatos,

em todas as falas,

simplesmente ficar em casa,

e esperar.

Dez luas

(escrito no final da gestação)

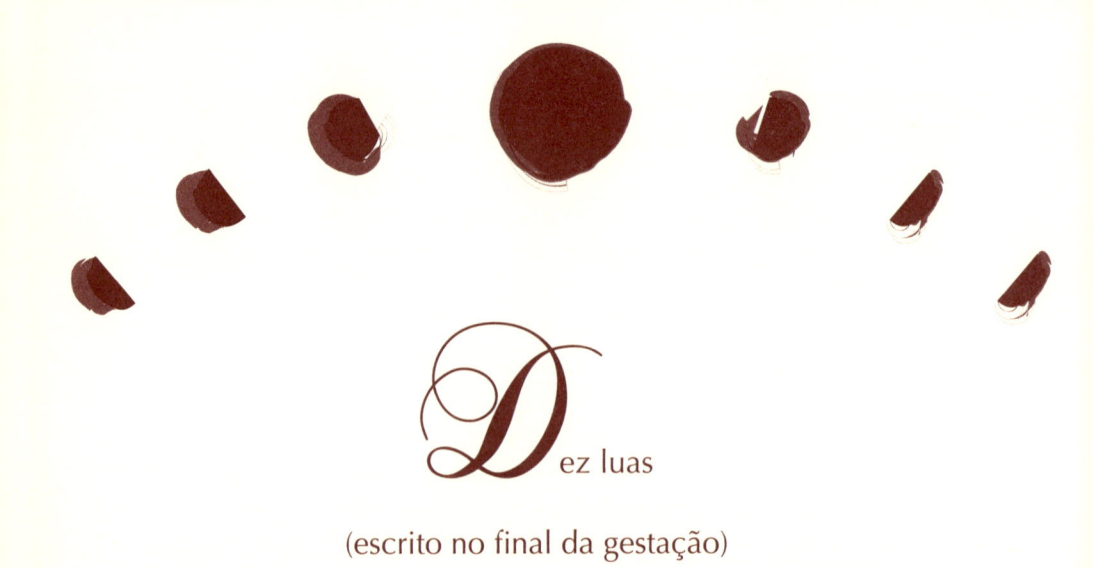

O que isso tem a ver com todo o resto da matéria viva? Tudo. Mas nem sempre foi assim. Houve uma época em que o medo era maior. Não me pergunte do que, porque quando se tem medo nem se sabe, é só um ar dilatado impedindo a entrada do ar de verdade. Teme-se tudo, porque no fundo a gente se sabe mudança constante. E o medo cria uma ilusão de pintura na parede. Sem perspectiva, cor ou forma. O medo cria as ameaças, o poder estabelecido, a fuga de si, a necessidade de quem manda (pra onde?). O medo é o capacho do desejo de permanecer. O medo tem nomes toscos e imperativos que mudam ao longo da história, mas também tem marcas individuais criando esses pequenos nomes dentro de cada vivo. Nos vivos que se sabem vivos, os humanos, ele cria história regressa.

O outro lado do medo é a coragem. Coragem, coração, peito aberto que pulsa e marca o ritmo do movimento, que nunca é quadro parado. Nada mais lindo e temível (para os que têm medo) que um coração pulsando. Talvez daí venha o medo das bombas de onde nascem as guerras, porque o coração é bomba de onde nascem luzes.

Mas antes da visão do coração pulsando, o saber-se recheada de vida. Não só o impulso vital de todos os dias, mas uma vida alheia, alma outra que quis vir nessa Terra-Universo-Espaço-Tempo por meu intermédio. E, antes da cena do coração pulsando no ultrassom, um banho infinito, talvez o maior da minha vida, o banho após a notícia de se saber agora outra, agora grávida, que me disse mais do que a imagem cinza e enigmática do ultrassom. E uma voz doce desceu de algum lugar onde vozes doces vivem e, no meu coração acelerado e feliz e de repente perdido e sem acreditar, encheu de matéria fé um corpo que jamais seria o mesmo, um espírito que, já em construção (o meu), jamais será o mesmo. A voz cantou um canto sem palavras prenunciando o retiro dos nove meses seguintes. O que a voz cantou eu entendi a prestações, mês a mês, ao perceber que gravidez não é só espera, são encontros.

O começo é a novidade com terremoto do corpo. Tudo se reajusta, provando que sempre há espaço pro que se deve nascer na gente. As vísceras vão cedendo espaço, mas como são melindrosas (porque nós as carregamos desses sentimentos não resolvidos), dão gritinhos mal-humorados. Mas nessas horas a gente, com dois corações pulsando, acha coragem em dobro. Essa coragem escorre até os dedos dos pés, que se liquidificam e escorrem, por mais que se use sapatos. Vira um líquido que, em contato com a terra, por mais que se pise em cimento, assume formato de raiz. E todos os cantos internos de todos os cantos não revelados sobem por ela como seiva, numa ação contrária à gravidade, alimentando o espírito. Esses cantos são os hinos entoados mês a mês, apenas ouvidos se a coragem tiver silenciado o medo do novo. A gente cala o cotidiano, cala as conversas inúteis, acho que até o ouvido deve crescer um pouco, de tanto que talvez se escuta. Digo talvez porque não é óbvio, é tão sutil que escapa ao menor retrocesso à vida anterior. Mas os dois corações ajudam. Às vezes a gente até solta um rugido que escapa de alguma herança perdida, lembrando que só somos gente por sermos de outra espécie e por escolha, mas que o impulso está lá, para quando se quiser tomar contato. Então é o canto da terra com o tambor duplicado no peito o que, durante esse tempo, nos coloca em estado de graça, e também nos desestabiliza, enquanto nosso corpo vai se tornando lua. E os contatos também ficam sutis, com a alma de quem vem, com a alma do pai que assiste à revolução mudando também o seu calendário. E assim como a terra muda as marés com a lua, o pai deixa-se tomar (caso queira também cair na correnteza da vida) por essas ondas gigantes, vivendo uma trindade ainda secreta entre dois mundos.

São três momentos. Gestação, parto, maternidade. Cada um com canto próprio. Agora o que experimento é o final do primeiro ato. As últimas notas, as últimas viradas da lua.

Não falta apenas um mês. São semanas.

Não, não são semanas. São dias. Dias não! Horas... (Oras) Horas perdem os contornos. Nada mais se conta em unidades de tempo... É um longo tempo... Talvez não pela ansiedade ou pela demora... mas por, talvez, se esperar que a cada momento a vida irrompa na realidade cotidiana, e é preciso estar atento, é preciso estar desperta, preparada, em prontidão de pássaro antes do tiro, vive-se o último mês como se deveria viver sempre, atenta e grata pela morte iminente, pelo nascimento iminente, pela vida, o presente, enfim.

2007

Pedro

Na madrugada, a luta estava no ápice. Depois de mais de trinta horas de dor, dentre as quais sete foram de muita dor, ela ainda resistia.

Apesar do torpor, da quase perda de consciência, ela firmava sua existência. Peitava. Esbravejava. Contorcia-se.

(Em segredo, se vitimizava.)

Temia.

Não cedia.

O dar-se era inevitável, mas parecia impossível:

ela retraía.

Quase perdeu os sentidos.

Num último momento, só sobrou-lhe um: a criança que viria.

Só então se deu conta de que essa era, ainda, uma informação distante.

Então percebeu que não havia, ainda, o Amor.

E alguém além dela mesma (ou que pensava ser) o evocou.

Então percebeu que amor também é se perder

para expandir,

abranger.

Ela cedeu.

Jogou-se de costas no abismo,

amanheceu.

Um pouco depois das seis,

Pedro nasceu.

A data prevista do parto era 31 de maio. Até então, eu estava quietinha dentro de casa, há um mês agoniada, escrevendo loucamente, fazendo cara de paciência e quase explodindo de ansiedade. A única coisa que me tirava daquele estado era uma adaptação da obra da Clarice Lispector que eu fazia para uma companhia teatral. Mergulhar em Clarice naquele momento era praticamente um superlativo do superlativo. Mas foi o que me chegou, e no que me agarrei.

Depois que a "data oficial" passou, resolvi deixar pra lá o "e se", deixar pra lá o "quietinha em casa" e sair quando e para onde bem entendesse. O quando foi o dia 7 de junho, e o onde o Espaço Parlapatões, um teatro onde o Djair estava em cartaz com a Cia. dos Gansos. Acho que era só o que faltava: sair de casa e olhar para um palco, porque foi justamente no meio da peça, sentada na plateia, que começaram as contrações.

Era só o comecinho do trabalho de parto, mas, ao perceber que finalmente chegara o momento, minha alegria foi imensa, o alívio do fim daquela espera. Só que a coisa já começou dramática e dolorida. Ainda bem que a peça era uma comédia, porque eu aproveitava os picos de risos pra dar uns gritinhos. Terminado o espetáculo, fomos correndo pra casa e ligamos pra Vilma. Ela nos instruiu a contar as contrações, e só quando estivessem num intervalo constante e curto seria o momento de ela chegar. Ainda não era o caso.

Lá se foi uma madrugada inteira. Passei a noite em um semissono com dores, que, por mais que não fossem pontadas ultradoloridas, eram suficientes para me acordar. Mas a certeza de ter chegado o momento tão esperado era maravilhosa. A vida estava acontecendo em toda a sua intensidade. Eu estava vivendo plenamente uma experiência ancestral. Era uma felicidade enorme, um agradecimento indescritível... e ainda era só o começo.

Ao longo do dia, ficamos em casa arrumando as coisas, fazendo compras, almoço, como em um dia comum. De tempos em tempos eu parava para respirar, e descobria que as contrações tinham a música do mar.

Eu adorava pegar ondas. Elas sempre vinham em três: a primeira mais fraquinha, a segunda já aquecida e a terceira era aquela que me levava até a areia. Depois o mar dava um suspiro e, após essa quietude, começava tudo de novo. Assim eram as contrações. Sentia chegar uma ondinha de longe, até que ela atingia o pico e depois silenciava. Aos poucos a frequência entre elas foi aumentando. Ligamos pra Vilma e, às cinco horas da tarde de uma sexta-feira, ela chegou.

Nossa casa era assobradada e antiga. O forro ainda era de estuque, as telhas eram velhas e gastas, o que fazia chover por dentro cada vez que chuviscava por fora. Pior: tinha uma rede elétrica do início dos tempos – depois de cinco minutos de banho quente, caía o disjuntor.

Se isso era chato no dia a dia, num trabalho de parto em um dia frio seria um problema: a água quente é um dos grandes recursos para aliviar a dor. E, naquele dia em especial, a gente achou que o disjuntor tinha pifado de vez. Então o Djair saiu numa sexta-feira-hora-de-*rush* pra comprar um.

Sozinha com a Vilma, conversamos longamente. A gente já tinha desenvolvido uma ligação forte, e essa confiança foi absolutamente essencial para o trabalho. Ela, que se entrega completamente ao ofício, que fica ligada em absolutamente tudo, do mais prático ao mais sutil, sabe que algumas coisas só conseguem ser ditas entre mulheres. Então falamos e falamos, porque depois de tantos meses ainda havia sobrado temas importantes a falar, enquanto ela aliviava as dores (que estavam ainda mais fortes) com massagens. Quando o Djair voltou com o disjuntor novo, a dilatação já havia avançado, e lá pelas onze da noite já era quase total.

Cheguei a dizer: "Pensava que ia ser pior". Isso deve ter desencadeado uma piadinha dos deuses, porque logo depois "travei" por sete horas, e justo na parte mais dolorida do trabalho. Sabia, com a cabeça, o que tinha que fazer, mas o corpo não me "obedecia". E percebi que o que me amarrava não era apenas o medo típico que todas as mulheres sentem desde sempre, mas toda a corrente de preconceitos modernos que eu também carregava que nem uma couraça, ou pior, como um carrasco colado às minhas costas, berrando:

Você não vai conseguir! É perigoso! Sua louca, vai fazer mal pra criança! O bebê pode morrer!

Era a voz daquele temido personagem: o meu antigo inimigo, aquele que vi na cena do meu nascimento, que eu pensava ter mandado embora ao longo dos nove meses. Um ser alimentado pelo medo de fracassar, medo de virar mãe, medo de ser mulher, medo da força absurda, ancestral, que pulsava dentro de mim, que carinhosamente conduzia meu corpo, que me levava a uma dimensão fora do tempo, naquele lugar onde todas as mulheres de todas as épocas se encontram e se reconhecem.

Aquele era meu primeiro parto e, com ele, eu reviveria minha chegada. E, se essa história estava atrelada àquela figura, não haveria como escapar. "Se correr o bicho pega, se ficar o bicho come", vivi cada uma dessas palavras com uma verdade indescritível, e a única forma de seguir em frente seria aceitar o fato de que eu teria que entrar num terreno desconhecido. Era uma grande floresta a atravessar, e só eu poderia fazer aquilo. Quer dizer, é claro que, se eu estivesse em um hospital, com tudo ali, facinho, poderiam tirar a criança. Nesse caso, haveria o nascimento, bendito seja sempre, mas eu não teria cruzado o limiar.

Eu contava com dois grandes apoios: o do Djair, cuja mão eu esmagava tanto a cada contração que tinha medo de estar beirando a gangrena, e o da Vilma, que até então esperava sem a menor pressa, fazendo massagens, medindo periodicamente os batimentos cardíacos do bebê, transmitindo calma para o meu parto. Sim, meu. Porque, como ela mesma me disse, o nascimento é do filho, mas o parto é da mãe.

Assim passei toda a madrugada. Descobri que um trabalho de parto tem cheiros, tem fluidos, tem gritos, risos, vômitos, sangue. Tem música misturada com silêncios. Tem conversas importantes na boca do abismo. Tem choros, muito choro, tem todas as partes verdadeiras de si emergindo ao mesmo tempo num desfile alucinante. Em uma hora em que eu já havia perdido a noção de qualquer hora, a bolsa estourou. Foi um susto, um grito, água pra todo lado e um monte de risadas. Por um instante, aliviou a dor incessante. Mas trouxe a urgência: a partir daquele momento, o

Pedro precisaria mesmo nascer, e num tempo determinado.

Esse fato gerou uma nova pressão e me deixou mais desorientada. Eu tentava empurrar o bebê em diversas posições, a dilatação já era total, mas ele simplesmente não "descia". Eu parecia um quebra-cabeças desmontado, sentia que nenhuma parte de mim estava conectada, pensava uma coisa e o corpo respondia outra. A posição ideal seria ficar como uma meia-lua, arqueada pra frente, cendendo. Mas, na hora da dor, estufava o peito numa postura diametralmente oposta. Não, eu não queria abandonar a batalha. Não queria largar a armadura e levar uma flechada nas costas. Eu só queria que ele nascesse. Eu só queria que tudo acabasse. Eu rebolava sobre uma bola de pilates dentro do chuveiro quente dando graças a Deus pelo disjuntor novo.

E no momento mais crítico, naquele em que o carrasco quase ganhava a batalha, eu estava tão tonta de torpor que a Vilma me disse forte e carinhosamente:

Claudia, ou você dorme ou faz esse menino nascer.

Naquele instante, ela quis dizer literalmente isso, porque eu estava realmente esgotada. Mas o múltiplo sentido da frase me tocou mais fundo do que o meu medo. Alguma coisa mudou. Dormir ou nascer? Ceder ao torpor? Ceder à anestesia? Um grito dentro de mim foi maior do que meus gritos de dor. Era a voz da mãe que finalmente se fazia ouvir, exorcizando aquele nevoeiro terrível onde fiquei presa por mais de cinco horas e abrindo uma nova paisagem adiante, já próximo do amanhecer.

Sem pensar, sem planejar, só sentindo essa coisa nova e me agarrando a ela como a um mastro central, tomei contato com toda a força da Terra, toda a ancestralidade, entreguei meu corpo a algo maior, como uma sacerdotisa se abre ao sagrado. Sem saber como (e talvez por não estar em condições de saber mais nada), dei passagem ao que tinha que nascer.

E ele desceu, coroou. Nada mais importava, o êxtase era maior do que tudo. Um pouco depois, senti meu filho, meu tão querido filho, saindo de dentro de mim e tornando-se vivo, um corpo quente e rosado repousado entre meus seios, um amor maior que o mundo, um agradecimento de igual tamanho, a certeza de que toda a dor que eu havia sentido era infinitamente menor do que a alegria daquele instante do dia 9 de junho de 2007, às seis e pouco da manhã, quando Pedro chegou. E na sua chegada, quando ele abriu os olhos e simplesmente olhou ao redor, quem chorou foi o pai, soluçando e gargalhando de emoção e espanto.

A Vilma esperou um tempo e depois pegou Pedro cuidadosamente. Ela sorria sintetizando no rosto o amor, o cuidado e a sensibilidade de todas aquelas horas. Suas benditas mãos limpavam o pequeno ser recém-chegado, e eu lia na sua presença a confirmação de sua fé na possibilidade de cada mulher viver seu feminino, viver por direito esse momento tão importante. Sua presença era o esteio, o apoio, a paciência, a falta de pressa. A vida sem hora marcada. Então entendi, pela primeira vez, o que significava, realmente, se empoderar do feminino: simplesmente confiar e construir uma conexão com outros planos sagrados.

Em estado de graça, vi o Dja cortar o cordão, abençoar nossa cria e novamente colocá-lo de volta nos meus braços. E ficamos ali, como em prece, contemplando o milagre,

o silêncio,

a tríade.

A estrela vespertina, no céu, testemunhava o momento: os presentes que chegam com cada criança através de três seres coroados. A inocência, a simplicidade, a força do amor. Esse foi o poder nascido com Pedro.

Ele, menino-passarinho, nos traria em um breve futuro a música do silêncio. Ele, criança de mãos poderosas, poesia feita carne e sangue. Olhar profundo, sentimentos diretos de quem desconhece a dissimulação. Sutil, solene, sincero. Amante da música, dos palcos e das artes, suave, mas também intenso. Amor condensado em forma de menino.

Tantas bênçãos trazidas naquele olhar,

e o tempo suspenso ao segurá-lo em meus braços para o primeiro aleitamento:

Amor. Ocitocina. Amor.

.

.

Até que o transe foi rompido pelas primeiras visitas: eram meus pais, irmãos e amigos que chegavam para celebrar o nascimento.

E eu, que estava há dois dias sem dormir, senti que poderia correr uma maratona.

2009/2010

Gabriel

Veio galopando vento,

de matéria leve, inquieta, atenta.

Difícil de captar o espírito, sempre em movimento. A densidade mora no cristalino, na enigmática mirada de quem chega e pergunta.

Sem parar, pergunta.

Sorriso-deboche, pula do colo como se um anjo aparasse.

Cai.

E, no dia seguinte, pula de novo.

Com criança a vida muda. Muda tudo. Absolutamente tudo. Apesar de levar o Pedro para todos os lugares por onde eu andava (benditos sejam o *sling* e seus derivados), tive que incorporar ao ritmo das minhas atividades os cuidados com uma criança, que, apesar de deliciosos, me pediam um espaço até então inédito. Mas essa transição não se deu por encanto, de uma hora pra outra: cometemos inúmeras barbeiragens no primeiro ano do Pedro, que me provaram cientificamente a presença do anjo da guarda e a certeza de que o primeiro filho, mais que um superprotegido, é um sobrevivente.

Aos poucos, fomos entendendo o novo ritmo. Obviamente, eu ficava mais em casa. E era uma casa muito engraçada, que tinha um teto que era quase nada, onde ano após ano as chuvas de verão ampliavam um desenho abstrato de infiltrações. Para arrumar de vez, só saindo de lá. Então, quando o Pedro começou a andar, resolvemos procurar um espacinho maior, daquela vez para comprar. Após meses de procura, descobrimos uma casa no Butantã e começamos uma aventura que a princípio a gente chamou de reforma, mas foi praticamente uma reconstrução.

Não era só a construção de uma casa. Era o tempo de firmar raízes. Aterrar. Um desafio impressionante para os seres praticamente alados que éramos. Um chamado para abrir mais espaço, abrir novos vazios, ainda que a gente não soubesse muito bem o que seria o futuro. O que nos movia não era só o o sonho-da-casa-própria-com-quintal. Era a vontade de fazer dessa casa um espaço de convivência, pra receber amigos, pra fazer arte, fazer sarau, ensaiar peças, criar e ser feliz. Sentimos que aquela seria a hora, e topamos a empreitada. Um amigo arquiteto, Helio Carneiro, fez o projeto, e nele somamos nossas várias ideias: dois andares, teto verde, cisterna, um monte de janelas gigantes, muita luz entrando, cantos mágicos e muitas cores. E, movidos pelo entusiasmo, praticamente colocamos abaixo a casinha térrea que havíamos comprado, com planos de algo maior. Só ficaram as paredes, a fundação e a fé de que aquela loucura seria realizável.

Foi um ano intenso. Com a obra e seus mil imprevistos, nosso custo de vida subiu em larga escala, e qualquer trabalho era aceito (e, ainda bem, chegaram muitos), mesmo com criança pequena pra cuidar. Além do tempo na ESPM como professora e orientadora de projetos (com muito mais horas de aula do que antes), eu ainda escrevia uma nova peça baseada na vida de Araci Cortes (encomendada pela querida atriz Gisela Millás), enquanto o Djair dava aulas de teatro e realizava alguns trabalhos para a TV e para o cinema.

A palavra "não" sumira do nosso vocabulário. O tempo se multiplicava. Tudo estava em movimento, fora e dentro.

E, como se estivesse sobrando espaço, ainda integramos a equipe de produção de um evento: a Marcha Mundial pela Paz e a Não Violência, que tinha como principal bandeira o desarmamento nuclear. Nela, um grupo de voluntários de várias nacionalidades passaria todo o ano de 2009 percorrendo vários países do mundo e, em cada um desses países, uma equipe também voluntária realizaria eventos para destacar a importância do assunto no cenário local e mundial. Essa era uma ação grandiosa, um alto-falante para questões absolutamente fundamentais, numa época em que déspotas ensandecidos estavam a poucos metros de mandar metade do planeta pelos ares apenas com um toque de botão. Pelo menos era no que a gente acreditava: que essa ação faria alguma diferença, e que valeria a pena emitir esse sinal em larga escala.

Porém, mesmo comprometida com um evento tão vistoso, eu sentia cada vez mais que o ativismo humanista havia se transformado em mim numa busca mais interna pelo sentido. A militância, naquele momento, tornou-se o intento de viver coerentemente, buscando trazer às atividades diárias a mesma integridade que eu projetava no destino que aspirava para a humanidade. O próprio movimento também estava voltando às suas origens e encontrava-se mais voltado às práticas internas. A partir de 2007, passara a se dedicar a construir, em vários países, espaços dedicados a propiciar uma experiência interna profunda: os Parques de Estudo e Reflexão.

Nesses parques, justamente naquele mesmo ano, em paralelo às atividades da Marcha Mundial, surgiu um grupo de estudos de grande intensidade: os Trabalhos de Escola, um conjunto de práticas inspiradas em antigas escolas iniciáticas de expansão da consciência (como alquimia, ioga, trabalhos pitagóricos, meditação transcendental, entre vários outros). Para nós, Djair e eu, era um chamado irresistível, e não poderia esperar que nossa vida estivesse mais amena, pois aquele era o momento. Então, sem pestanejar, também nos somamos a esse processo, uma jornada interior aos espaços profundos que duraria pelo menos três anos – que claramente foi nosso esteio em meio ao caos que ainda estaria por vir (e, ainda bem, a gente ainda não sabia).

Mas, no meio de tudo isso, uma casa ia sendo construída.

Na medida do possível, incorporamos à rotina visitas diárias à obra, especialmente o Djair, já que o Pedro ainda era pequeno. Acompanhar uma construção não é pouco trabalho, exige um espaço mental enorme para organizar as etapas, exige pesquisas de preços, exige, principalmente, sangue frio para lidar com problemas. Muitos problemas.

Vendo assim, retroativamente, penso que ou nós estávamos loucos ou muito fortalecidos. Talvez um pouco de cada. Era muita coisa grande demais pra coordenar ao mesmo tempo, mas o tempo era de entusiasmo e potência. Junto com os primeiros passos do Pedro, aquele era o momento de firmar no concreto nossa opção não apenas por ser uma família, mas por construir nosso sonho tijolo por tijolo, realizando na matéria nossos anseios e ideais. Tudo era muito grande: o projeto da casa, o ideal de desarmar o planeta (não só de armas físicas), o desejo de mergulhar em si e nos libertar das crenças limitadoras e, no campo doméstico, lidar com o próprio sistema nervoso num dia a dia de constantes desafios, totalmente fora da zona de conforto. Sim, pedimos por isso, e agradeço até hoje a coragem que disparou o movimento. Mas fácil não era, e foi preciso muito concreto, e muito ideal. Era uma tarefa de gigantes.

No meio dessa grandiosidade toda, uma pequena alma percebeu que havia mais espaço naquela família, que era um lugar de muita animação, e resolveu que era ali mesmo que iria nascer, somando ao nosso ideal de futuro mais uma grande alegria: uma nova espera. E novamente o teste, e duas tirinhas rosadas, e mais uma vez me vi naquele estado de graça, naquele lugar inebriante que a gravidez proporciona. Naquele estado alterado dos primeiros meses, em que é uma tarefa sobre-humana focar em coisas concretas.

Mas o concreto era imprescindível. Estávamos lidando com a manifestação na matéria, e isso, tal como uma alquimia, tem suas provas de fogo... E elas chegaram: apesar da intensidade, tudo ia bem, até que...

...no meio do caminho tinha um pedreiro.

Contar a história inteira da obra não caberia aqui. Sintetizando: foram três equipes de construção, foram empréstimos, foi dinheiro saindo correndo, foi dinheiro entrando por trabalhos que apareciam por milagre, foram contas e mais contas, foram momentos de dúvida se não havíamos dado um passo maior do que as pernas. Se iniciamos tantos movimentos de expansão, é porque intuímos que poderíamos ser maiores, mas o crescimento tinha um custo. E um susto.

Escritos do quase-final de uma obra
(10 de outubro de 2009)

Se há um momento de instabilidade, é esse.

Acho que nunca passei por tanta coisa junta.

Obra, Marcha Mundial, trabalhos de autoconhecimento, gravidez, trabalho e todas as tensões provenientes de tudo isso. Várias situações me colocando na berlinda, no limite, a maternidade me dando eixo para não sucumbir à autopiedade. Sim, sempre se pode aguentar mais um pouco.

Tenho tomado contato com sentimentos raros. Muita raiva, por exemplo. Ou talvez ela nunca tenha mostrado seu rosto de forma tão clara. Muita luz também. Muitos presentes da vida, mas nada, nada, sendo fácil. Tudo mais difícil do que esperávamos na visão romântica, presentes que jamais esperávamos aparecendo do nada. Um presente, um desafio, um presente, um desafio, uma crise de choro, um dia esplêndido de autoconsciência, outra crise de raiva, um dia de luz. Sinto, sinceramente, que estou perdendo algumas referências do que penso ser, não dá tempo de sentar. Nem de descansar. Nem de voltar a ser o que era. O cansaço é muito, mas as situações exigem atenção constante, intenção constante, cuidado constante, e não param. Nunca.

Tem sido assim pra mim, pro Dja, pro Pedro (e talvez pro Gabriel).

Ou seja, a gente tem que se amparar, um não consegue se escorar no outro. Não dá pra ninguém ser tadinho.

Tenho me irritado com coisas simples, tenho me emocionado com coisas simples. Hoje, o Pedro tentava cantar a música que ouvia no carro. Foi uma cena tão singela, tão linda, e nada romântica, no meio de tanta fúria, de tanto tsunami, era ali, naquele carro sujo da obra, nesse dia tão peculiar de trânsito horrível, nesse dia em que o Dja matava mais um leão (ou enfrentava suas feras interiores), nesse dia em que eu só queria colo e era colo de todo mundo – nesse dia, ele cantando no carro com a língua meio presa, me fez descongelar e perceber a delicadeza que existe em todas as coisas. Estou em contato com sentimentos tão intensos, tão viscerais, que esse momento de pluma pairou no ar por um instante, encheu meu coração de alegria, e no segundo seguinte eu estava de novo no turbilhão ainda lidando com essa emoção.

Tudo ao mesmo tempo, tudo já. Nada trágico. Muita consciência de tudo, inclusive das armadilhas, das próprias compulsões, do desejo de fugir desesperadamente pra longe do que nem eu sei. Fico, fico, fico, chacoalho, desreferencio, me permito ser outras, me permito ser raiva, ódio, perdão. Me permito descer, e assim acredito nas luzes. Não são luzes românticas, luzes do "querer-ver", mas as luzes que brotam da escuridão. Descendo, sobe-se de verdade.

As verdades. Viver as verdades, sem maquiagens, sem preconceitos, fazer disso a meta, o propósito. Sentir orgulho pra poder se arrepender. Sentir que se sentem sentimentos condenáveis. Querer fazer um muro de fuzilamento e no momento seguinte perceber a criança ferida por trás da metralhadora. Sentir a tristeza da frustração e mesmo assim ter que dar o próximo passo, até saber que essa tristeza é passageira. Sentir, sentir, sentir, errar, pedir desculpas, ver o mecanismo, tentar acertar, ter que ganhar dinheiro, ver o dinheiro ir embora mais rápido que se pode ganhar, daí ganhar um presente da vida, agradecer o presente, perceber um novo desafio, cuidar do filho, esquecer de cortar as unhas dele, esquecer a água no fogo, estar com a casa encaixotada há três meses, amar e ser amada, saber que há alguém do lado dividindo as aflições, dividindo o pior e o melhor de cada um, poder falar disso sem medo de que o outro vá me abandonar pelo feio que às vezes sou, nem que vou abandonar o outro pelo feio que às vezes vejo, saber que a vida real é essa, valente, profunda, às vezes desmedida, e, quando se alcança essa corrente, só se pode pedir mais um pouco de ar até que se chegue até a margem. E que se possa ficar só um pouco, só um pouco, no sol.

Acho que nunca senti uma corrente de vida passando tão intensamente por mim, por dentro de mim, crescendo em mim, transbordando, e com tanta autoconsciência. Nunca passei tanto tempo sem pedir colo de mãe, até porque naquele momento era ela quem também precisava. A cada passo, a cada "não aguento" (como não, se a gente segue?), a cada nova surpresa, novas perplexidades. Cuidando da casa, das crias, do mundo, tentando, nisso tudo, entender de onde venho, tentando, nisso tudo, desacorrentar os personagens internos e conviver com cada um. Perder o medo da escuridão, encarnar de vez. Existir. Estou deixando de ser, ou passando a ser.

Agradeço. E é só.

Chegou novembro e, com ele, a tão sonhada mudança. Já era insustentável pagar aluguel e passar o dia de um canto para o outro. Então, ainda com a casa sem pintar, com a área externa em pura terra e lama pelas chuvas, transformamos uma casa por terminar em nosso novo lar.

Apesar de todo o caos, foi uma alegria imensa. Foi a certeza de conseguir realizar o que antes nos parecia quase impossível. O Pedro corria pela casa feliz com seu espaço ampliado, e ele sempre foi um grande sinalizador pra gente. Na época, já estava com dois anos e meio e já havia nos mostrado sua sensibilidade quase telepática. Se ele estava bem, era porque tudo estava realmente bem.

O fim da obra estava próximo e com um prazo para terminar: o nascimento do Gabriel. Mas ainda havia muito, muito a fazer, e nossos recursos estavam no fim.

Como se já não bastasse o tamanho disso, o evento que passamos o ano inteiro produzindo, a passagem da Marcha Mundial pela Paz e a Não Violência no Brasil, se aproxima. Eu já estava comprometida até o talo com a produção de um show que faríamos no Vale do Anhangabaú no dia 21 de dezembro. Já havíamos conseguido artistas maravilhosos que se apresentariam gratuitamente, e também o palco, os equipamentos, a adesão de muitas pessoas, tudo isso sem patrocínio algum, só na base da militância constante... O único recurso econômico disponibilizado foi uma pequena verba da Secretaria de Cultura do município para pagar a produção do show – dinheiro que, na última hora, quando já havíamos fechado contratos profissionais, eles retiraram, com a desculpa de termos perdido o prazo para apresentar alguns documentos (que nunca foram pedidos). Ficamos desolados com a facilidade e a leviandade com que arriscaram jogar no lixo o trabalho voluntário de tanta gente. Esse episódio, além de ter me dado um nó nas tripas, me trouxe uma pequena amostra real de como funciona grande parte do sistema político, incompatível com ideais mais nobres e desinteressados.

É claro, não serei injusta: assim como nos hospitais e no "sistema de saúde", o "sistema político" também conta com gente de estômago de ferro que faz das tripas coração para que algo que é de todos funcione realmente para todos. Estou léguas distante de defender um salve-se quem puder neoliberal, mas ter vivido esse fato na pele, constatar de dentro da máquina que a ineficiência do sistema é intencional, me fez deixar de acreditar de vez em modelos caquéticos que a gente só sustenta ainda por medo do caos. Dos "e ses".

Nada mais incompatível com a mentira do que uma vida em formação, pois ela aponta para o que está em movimento, não para o que caminha para a morte. Esse desvelar da ilusão me confirmou o que eu já sentia: que o formato piramidal do poder está em um tipo de mundo, e o círculo democrático das relações horizontais e responsabilidades compartilhadas em outro. Naquele momento, carimbei no meu coração o símbolo de uma anarquia política, social e espiritual. Qualquer forma de verticalismo, que antes já me gerava antipatia, passou a me provocar náuseas. Eu jurei como Scarlett O'Hara, com um rabanete em punho, que jamais dependeria novamente de pessoas descomprometidas.

O desenho da situação se fez claro: o que segurou as pontas foi a força de caráter das pessoas de fato envolvidas, a militância resiliente dos membros do Movimento Humanista, os artistas que seguiram confirmados apesar da falta de recursos, o apoio de gente que foi chegando, a compreensão da Patty Scótolo, amiga e produtora, que havia sido contratada para conduzir profissionalmente o evento e subitamente se viu trabalhando de graça e sem recursos de produção, e um sentimento indubitável de que aquelas ações tinham sentido por si mesmas, independentemente do resultado. Por isso, em honra ao trabalho de tanta gente, o show, literalmente, não parou. E assim como na obra, apesar dos problemas, os recursos iam aparecendo: ajudas emocionantes, palavras comoventes, dinheiros inesperados. Então percebi: é no aperto que se provam e consolidam as grandes amizades, os grandes feitos. Correndo pra lá e pra cá de cima do palco atrás de uma barriga de oito meses, testemunhei o Show da Marcha lindamente acontecendo, mostrando na prática que a paz não é algo estático, mas uma escolha constante por uma direção mental de crença no humano, apesar da apatia, do descaso e da violência.

E assim, entre uma provação e outra, sem que eu tivesse me dado conta, eu já estava no final da gravidez.

E tendo passado por tudo isso, só poderia nascer um aquariano.

A gravidez pairou sobre esses tantos desafios, sem tempo para o romantismo da primeira vez. Eu fazia os exames, ia às consultas médicas relâmpago com o dr. José Vicente (mesmo assim pulando algumas) e mal tinha tempo de me encontrar com a Vilma. Na etapa final, vivia o oposto do recomendado para alguém prestes a parir: eu estava absolutamente pra fora, lidando com coisas extremamente materiais, práticas, e isso me agoniava.

Claro, havia momentos de conexão. Havia cuidado, amor e espera. Por mais que a casa estivesse caindo (ou melhor, subindo no meio do caos), seria impossível não ter o mínimo de ligação com um filho que estava no ventre. À noite, quando tudo silenciava, eu acariciava a barriga e pedia para que ele estivesse bem. Eu tinha medo de ter passado pro Gabriel toda aquela ansiedade, todo o meu nervosismo e a falta de paz que muitas vezes sentia.

É engraçado pensar nisso hoje, exatamente cinco anos depois de tudo, já conhecendo bem o espírito do ser que estava por vir. A culpa, uma parasita praticamente colada à palavra "mãe", só consegue reduzir ao terror da punição a grandiosidade de uma experiência. Ainda bem, a realidade é muito maior do que às vezes experimentamos pelos olhos apertados do negativismo: o que eu julguei ser preocupação excessiva com a matéria foi também ganho em manejo da realidade externa. Toda a minha raiva e indignação com posturas antiéticas se converteram também em desejo de construir o novo de mãos dadas com quem não acredita em senhores, nem em pisar no outro. Meu excesso de responsabilidades assumidas tornou-se, secretamente, um chamado por um clima de leveza, alegria e brincadeiras. O esforço em ter que gerenciar muitas coisas tornou-se capacidade de perceber, de abranger, de trabalhar simultaneamente os tantos aspectos da vida que hoje me pedem esforço constante. E foi justamente com esse positivo da experiência que Gabriel veio ao mundo: atento, esperto, brincalhão, coração aberto, totalmente irreverente. Menino-movimento, de rosto difícil de captar, ora beija-flor, ora macaco solto no mundo, olhos sempre atentos ao todo e a todos. Nunca está onde a gente imagina, mas sempre está quando se precisa dele. E o mais engraçado: um inventor nato de qualquer coisa.

Então era janeiro de 2007. Chegou o ano novo, regido por Vênus, e nada de a obra acabar. O pintor havia sumido, o quintal era pura lama e o mês passou voando. Assim, para que a casa tivesse condições mínimas de acolher um recém-nascido, apelamos para uma equipe de pintores que minha mãe conhecia, vinda de Franca, interior de São Paulo. Sem lugar para ficar, eles dormiram na nossa casa.

Chegou fevereiro. Eu já nem me lembrava mais de qual seria a data provável de parto, mas queria acreditar que seria lá pelo dia 12, aniversário do Dja e também do nosso casamento. Na verdade, queria acreditar que teria tempo. De fato, a coisa andou rápido, e eles terminaram tudo num sábado, dia 6. Minha aceleração era tanta que eu ainda marquei um chá de bebê pro dia 7.

Os caras eram legais, o que foi um alívio depois de tanto perrengue com mão de obra. Ao saber que eu tinha a intenção de parir em casa, um deles quase virou do avesso:

E você fica junto? (perguntou pro Djair)

Claro, né?

Ah, mas tem homem que é mais homem que outro homem mesmo... Deus me livre de ver uma coisa dessas!

Nessas horas é que eu tenho certeza de que o espírito prestes a chegar já estava coladinho, ouvindo tudo. Certeza mesmo. Porque o Gabriel, sendo como ele é, bem amigo do Saci, faria o que fez só pra causar essa graça.

Na sexta-feira, eu deixei o Pedro aos cuidados dos avós e passei o dia todo limpando a parte de cima da casa (que era a única coisa que dava pra fazer, já que a parte térrea estava intransitável) e fazendo comidinhas pro chá de bebê. Sabe aqueles dias em que a gente acorda às seis da manhã e não para nem pra almoçar? Meu desespero com a bagunça era tanto que eu ia arrumando o que dava, sem parar, e sem a menor vontade de parar também. Era um dia de muito calor, verão, e só dei um tempo da correria ao anoitecer, lá pelas oito da noite. Depois do jantar, o susto: a barriga endureceu. Aquela dorzinha conhecida começou. E a casa era pura poeira, sem nenhuma janela instalada.

Ligamos pra Vilma, na esperança de ela ter uma bola de cristal.

Mas é trabalho de parto mesmo? (coisas que a gente pergunta sem se ligar do ridículo)

Se as contrações não pararem, é, ué. Qualquer coisa me liga de novo.

O Dja também havia passado o dia todo na lida e me olhou esperando que a Vilma tivesse um contrato com os anjos e pudesse dar um *pause* no processo.

Mas você acha que é mesmo?

É, né? Tá sem parar, uma depois da outra.

Ai, meu Deus! Eu não vou aguentar...

E eu?

Tomei um banho para relaxar e fiquei a hora seguinte praticamente imóvel. Estávamos todos, inclusive a equipe de pintores, sentados vendo TV em um silêncio solene. A cada contração eu respirava fundo, e a cada respiração funda eu sentia um par de olhos apavorados me observando de canto de olho. O nome do dono do par de olhos era Balsanulfo. E não precisava dizer que ele daria tudo pra sair correndo dali.

Fomos dormir. Quer dizer, eu sabia que dormir mesmo seria impossível, mas pelo menos tentaria descansar até que a dilatação fosse total. O quarto estava sem as janelas, mas era uma noite de muito calor e de um céu totalmente estrelado.

Apesar de tudo, eu fiquei estranhamente calma. A primeira coisa que me lembrei foi da tal posição-de-meia-lua-que-ajuda-o-bebê-a-descer, e a cada contração eu curvava o corpo e deixava os portais se abrirem para a grande passagem. Mesmo com as dores, que iam aumentando, foi uma delícia (e a palavra é essa mesmo) ficar ali, entre o dormir e o acordar, olhando as estrelas pela janela. Eu, que tinha passado o ano todo lidando com gigantes, tarefas imensas, masculinas, cruzando batalhas, agora poderia, finalmente, descansar, respirar um pouco do feminino e só cuidar da cria que viria. Foi um alívio imenso.

Eu fiquei, de repente, banhada de serenidade.

O tempo, antes acelerado, caiu para a cadência do pulso da noite, suave noite de verão. Eu sentia a presença querida de minhas duas avós, ouvia o canto da madrugada, sentia a brisa suave, deixava fluir, deixava abrir, conversava com o filho querido: "Pode vir, Gabriel. Essa casa tá uma zona, mas é inteira sua..."

Um pouco antes de o sol chegar, um pouco antes de descer definitivamente, ele ainda visitou três sonhos: o da bisavó, da tia e do pai. "Papai, vamos brincar?", ele disse, sabendo da travessura que seria nascer naquele dia, e talvez antevendo todas as outras milhares que ele faria ao longo da vida.

Lá pelas sete da manhã, as contrações ficaram mais fortes, e as dores bem mais agudas. Ligamos pra Vilma e a casa despertou. Vando, o pedreiro, chegou pra mais um dia de trabalho e logo recebeu do Djair a demanda do dia:

Vamos ter que deixar essa casa totalmente limpa. Nosso filho está chegando.

Assim, enquanto eu ficava na parte de cima da casa alongando e respirando sobre a minha velha amiga bola de pilates, cinco homens deram conta, em duas horas, de transformar uma bagunça sem fim em um lar impecável. No momento em que terminaram, correram para a rua, para esperar o meu sogro que os levaria à rodoviária. Um deles (já sabemos quem) fumou três maços de cigarro ao longo da madrugada e ainda teve uma dor de barriga antes de sair. Quando passou pela porta, tenho certeza, jurou nunca mais voltar àquela casa de gente estranha.

Às nove horas da manhã, a Vilma chegou, e logo constatou que a dilatação estava quase completa. Ao ouvir aquilo, não pude conter minha alegria: eu já estava pronta para as mesmas 33 horas que havia passado em trabalho de parto quando o Pedro nasceu. Como a dor era grande, ela começou a fazer massagens enquanto eu me alongava, de cócoras, pendurada nos braços do Djair. Uma hora depois, como era esperado, as contrações ficaram ainda mais agudas.

Tá doendo muito, Vilma!

É, deve estar. Porque ele já tá nascendo.

Eu quase não acreditei no que tinha acabado de ouvir. Estava tão rápido, tão diferente da outra vez... e às onze da manhã a presença de todos os anjos fez um rodamoinho no ar. Em duas ou três contrações, exatamente ao mesmo tempo em que um vento forte entrou pela janela, Gabriel chegou ao nosso quarto. Tenho certeza de que pulou gargalhando na fenda do tempo e se jogou de cabeça, como agora faz no sofá, nas almofadas e na vida. Tudo era música sublime: o chorinho dele ao nascer, misturado ao choro do Dja, à risada da Vilma, à minha respiração ainda ofegante...

Eu, que tanto tempo passei cuidando da realidade concreta, construindo nossa nova casa, parecia viver um sonho. E me via ainda no chão, recém-parida e ajoelhada, com meu filho nos braços, agradecendo o milagre.

Assim, montando o ar em pleno calor de verão, rápido como um vento, o menino sapeca desceu.

Inverno de 2011

Miguel

Você chegou de repente. Coloriu de rosa claro nossa casa, sutil. Transbordou uma delicadeza doce, sem excessos, volátil. Encheu de esperança o inverno, chamou música de pássaros, chamou outras flores em volta. Você encheu meu coração de alegria, você alterou meu ritmo, você mexeu nos meus líquidos, conectou o meu ser à lua, você me deixou redonda, você também me fez flor. Abrandou meus movimentos, me fez rir.

Você, flor de inverno, não pertencia à primavera. Sua estação foi uma só. Sua missão foi, e é, colorir o cinza, esquentar o frio, anunciar tempos de outras flores em abundância. Você é minha eterna *sakura*, gerada no amor dos ventos gelados. Efêmera, partiu de mim, pintada em vermelho, para de novo ser todo, para um dia voltar em contorno. Não mais a mesma, mutante que é. Mas ainda flor.

Menino ou menina?

A barriga já havia começado a aparecer. Terceiro filho é assim, os sinais brotam rápido. Também é rápido o espanto alheio: Vocês vão ter três mesmo?

Sim.

A nossa casa já tinha sua vida, já tinha jardim, e tinha cerejeira: *sakura*, árvore que os samurais adotaram como seu próprio símbolo, por ser tão perene. Eu estava fascinada com a poderosa sutileza dessa flor. Ter presenciado pela primeira vez um conjunto de *sakuras* floridas me levou a outro espaço-tempo e, assim que pude, trouxe uma para casa. No inverno de 2011, praticamente junto com a notícia da nova gravidez, ela floresceu pela primeira vez.

A vida seguia um curso menos agitado, pelo menos externamente, o que combinou com o começo de uma nova gestação. Eu ainda tentava entender o que era ser mãe, essa tão poderosa estampagem, sem me perder de mim mesma. Pelo menos era o que eu achava, mas perder-se é só o que acontece a uma mulher quando ganha nova vida no ventre. E, enquanto essa semente pulsava, eu testemunhava os meninos ganhando novos espaços: o Gabriel, então com um ano e meio e achando-se tão grande quanto o Pedro, cumpriu a promessa de ser um espoleta e passava o dia tirando tudo do lugar, como é típico de alguém que acaba de conquistar o mundo. Era também o primeiro ano do Pedro na escola. Ele, menino-silêncio, que até então só conversava com música, ampliou seu pequeno universo e encontrou-se também acolhido em uma linda casa no pé do arco-íris, o Espaço Bem Viver, um jardim Waldorf maravilhoso erguido no meio da mata do Capuava, animado pelo amor de Maria Cecília Bonna, suas filhas Amanda e Sabrina, o trabalho dedicado das "jardineiras" de pequenas flores – Dé, Mônica, Preta, Dani, Mari, Neuza – e o apoio de várias outras pessoas queridas, como a Zezé, o Aníbal, o dr. José Carlos Machado e toda a comunidade de pais que tivemos a alegria de conhecer. Era um novo mundo que se abria, não só pelo contato com a antroposofia, mas por um novo estilo de vida que pudesse integrar nossos estudos sobre a profundidade do ser humano, as atividades lançadas ao meio e uma vida com filhos.

Porque sim, a vida com filhos muda muito. Imagine com dois pequenos e um terceiro chegando...

Mas, como eu já vinha sentindo a necessidade de aquietar um pouco, essa mudança veio em um bom momento. Minhas atividades profissionais acabaram ficando concentradas em alguns escritos, uma pós-graduação em direção teatral (que eu fazia aos sábados) e meu trabalho como "professora" – ou, como eu preferia chamar, de fomentadora de novos artistas – na ESPM. Além das aulas regulares no curso de Design Visual (a convite dos professores Luiz Fernando Garcia e Ana Lupinacci), eu também me dedicava a atividades extracurriculares, fosse apoiando algumas produções do grupo de teatro Tangerina, animado e dirigido pelo queridos Otávio Dantas e Rubia Reame, fosse orientando produções independentes no Laboratório de Audiovisual, que idealizei junto com o Luiz Fernando da Silva Jr. (o Pará), amigo que no ano anterior havia assumido a coordenação do Núcleo de Imagem e Som da escola.

Juntamente com os professores Edu Nogueira, Gisele Jordão, Cynthia Ferrari e o apoio do Jedi, Thaís Carrapatoso, Emanoel Santos e Flavia Stawski, esse laboratório era um espaço de livre experimentação onde desenvolvíamos produções de todo tipo, embalados pelo ritmo entusiasmado dos espíritos cheios de som e fúria que passavam por lá: Renata, Clarissa, Pedro, Marlon, Bruno, Ralph, Miriam, Bruna, Osmar, Buda, Tiemi, Guti, Lucas, depois Letícia, Giovanna, Thaís, Felipe, Pinda, Bernoldi, Ingrid e tanta gente linda que coloria meus dias com um frescor delicioso de infinitas perguntas. Mais que alunos ou ex-alunos, foram ganhando espaço no meu coração como amigos queridos... E, seduzida pelo fogo dessa turma em suas primeiras produções audiovisuais, optei por me dedicar quase integralmente aos filmes que estávamos construindo, entre eles uma websérie embrionária e um documentário sobre Itamar Assumpção.

Mexer com Itamar era chamar desassossego, chamar na chincha uma vida de artista que estava ameaçando ficar quieta demais pro gosto de quem nasceu atizicada. Não que eu estivesse totalmente parada. Realizava alguns projetos com a Kika Nicolela, amiga videoartista com quem eu recém-terminara um curta, e chegara até mim outra empreita no teatro: um texto encomendado pela atriz

Alessandra Velho, que a princípio seria um musical tendo como ponto de partida a vida da Pagu (Patrícia Galvão, artista modernista, militante comunista e intransigente irreparável), mas que depois acabou tomando rumo próprio – o novo argumento tornou-se uma ficção científica: uma mulher presa dentro de uma máquina de *jukebox*, fadada a cantar até o fim de seus dias, a não ser que encontrasse uma saída daquela engrenagem.

Essa era a nova história que dentro de mim pedia passagem. Eu estava com 36 anos recém-completos e muitas perguntas sem resposta: Como é possível coordenar as batalhas diárias com o ser mulher? O que é, afinal, o feminino no meio dessa confusão contemporânea? O que é esse chamado em forma de canto que dentro de mim cobra força, pede pausa, chama à escuta?

Questões como essas secretamente fermentavam, deixando-se ver entre um poema e outro, em um transe espontâneo lavando copos na pia, no segundo seguinte ao despertar dos sonhos. Eu, que começara o ano dirigindo um curta-metragem chamado *Arritmia*, estava vivendo a própria. Como se não bastasse a minha inquietação nata e a gravidez recente, eu estava sendo profundamente afetada pelo trabalho de autotransformação que o Djair e eu estávamos fazendo, aquele mesmo que se iniciara em 2010 e que, então, estava no auge. Se expandir a consciência fosse fácil, iluminação daria que nem jabuticaba, e nada que traz empoderamento se conquista sentado. Já havíamos sido avisados de que o processo traria momentos de crise, mas, assim como em um parto, a gente nunca imagina o que é até estar subindo pelas paredes.

A crise desse processo tinha uma clara função: gerar uma instabilidade no sistema psicofísico que permitiria a ruptura dos padrões limitadores, único caminho para uma mudança profunda. De lá, do olho do furacão, repousaria o grande presente: o contato com o propósito, uma intuição forte e inominável de quem somos, do que viemos fazer, do lugar interno de conexão que nos guia e gera alegria de viver. É algo maravilhoso, mas que cobra um único preço: o desapego total de tudo o que não está sintonizado com ele.

Qualquer outra semelhança com um trabalho de parto não era coincidência: o objetivo era, praticamente, renascer. Nesse movimento, também tentando entender o que era ser pai, artista e homem contemporâneo, o Dja havia dado um tempo do teatro e estava em formação como massagista ayurvédico. Estávamos, nós dois, buscando caminhos para lidar com o dia a dia material (tendo o boleto bancário como máxima expressão) e nossos ideais, tentando construir uma família – com todas as responsabilidades que isso acarreta – sem nos acorrentar a uma rede de concessões que acabaria levando nossa vida a um deserto de frustrações. A descoberta da massagem, para ele, era seguir sua pesquisa com o corpo e a mente, ou ato e corpo, coisa que ele já trabalhava no teatro e então se desvelava no campo terapêutico. Foi uma grande descoberta, mas que exigia pelo menos um ano de dedicação para ser apreendida e aplicada com responsabilidade. Durante esse tempo, até que ele pudesse começar seus atendimentos, tivemos que fazer uns malabarismos. O nome chique pra isso é transição de carreira. O nome real é segura-as-pontas-que-só-na-fé-a-coisa-vai. E foi mesmo.

Eu também estava com siricuticos de ir, fazer outras coisas, me jogar nessa correnteza que a vida pedia. Apesar de estar feliz com todos os meus trabalhos, era como se ainda faltasse um ato fundamental, um rumo mais definido, e isso me pedia espaço para existir. Mas como o Djair estava no meio dessa travessia, achei por bem esperar pra ir depois, porque para uma taurina ver toda a terra se movendo sob meus pés era algo simplesmente assustador. Se, por um lado, isso era o que dava pra fazer, ter feito essa escolha gerou uma crise em cima da crise: eu estava, sem saber, represando um rio.

A vida, sabiamente, promove esses desconfortos, quando tudo segue igual mas totalmente fora do lugar. Alguns meses antes de engravidar, eu havia iniciado aulas de *kung fu*, porque sentia a necessidade de mexer pelo menos o corpo, e de não me deixar tomar tanto pelas instabilidades internas. Ajudada pelo amigo Samuel Bueno, meu instrutor, eu descobri na arte da luta a minha inabilidade para o confronto, a fragilidade que vivia em minhas pernas, e forjava uma tentativa de dar uma mínima estrutura muscular a um mundo que estava desmoronando. Com a notícia da gravidez, tive que substituir o *kung fu* pela fluidez do *tai chi*, e o silêncio dessa prática foi revelador demais para o momento. Externamente, a rotina seguia – e talvez a crise fosse essa. O lugar do inesperado, do espanto, estava ocupado por muitos afazeres cotidianos, e a desvairada em mim precisou silenciar frente à tarefa de prover um lar. Pelo menos foi essa minha interpretação.

Mas e a árdua tarefa de viver integralmente? Querendo ser impecável na minha firmeza, não percebi importância de equalizar todas as vozes que cantavam ao meu coração, nem sempre em coro harmônico, em geral aos gritos, aos prantos, cada qual exigindo seu quinhão de existência: aquelas selvagens, aquelas apaziguadoras, as conservadoras, ligadas à sobrevivência. Inconciliáveis canções.

Era coisa demais pra lidar. Se fosse por fora, tirava de letra, mas as batalhas internas eram um campo recente para mim. Talvez por isso, ou por motivos que jamais saberei, em pleno domingo sangrei.

Poderia aqui justificar mil vezes, buscar culpados ou causas, mas esses fatos a vida não explica. Tudo começou depois de uma massagem que o Djair havia feito em mim para aliviar a dor na lombar. Mas essa massagem que ele faz não é só para aliviar, ela faz mover tudo o que está estagnado. Foi como ligar uma máquina: o sangue veio pouco tempo depois. Apavorada, sem falar coisa com coisa, liguei para a Vilma, que, como sempre, atendeu prontamente.

Pode não ser nada, mas não custaria fazer um ultrassom...

Lá fomos nós...

Pro hospital. Aquele lugar em que eu jurei jamais pisar. Aquele lugar onde nunca pari, e onde nunca quis estar.

E lá, na sala do ultrassom, a médica perguntava pela terceira vez a data da última menstruação.

Tem certeza?

(Eu tinha.)

Ela olhava para o monitor fixamente e dizia que o embrião não correspondia à idade gestacional, que não tinha movimentos. Que ela não ouvia o coração.

O que aconteceu?

(Eu precisava saber.)

Ela dizia novamente que o embrião não correspondia à idade gestacional, que não tinha movimentos. Que ela não ouvia o coração.

Eu não entendia. Eu não queria fatos encadeados. Queria uma certeza de vida ou de morte. Ela me trazia dados. Me dava estatísticas.

É a terceira vez que isso acontece hoje. É normal.

Ele está vivo?

O embrião está fora da idade gestacional, sem movimentos. Não escuto os batimentos cardíacos.

Uma onda de calor me percorreu: tristeza, raiva, culpa, desespero. Num rápido instante, consegui olhar pra moça e ver não uma médica, mas uma mulher. Uma mulher de voz trêmula e olhos marejados. Alguém que não conseguiu pronunciar a palavra morte.

Ali, nos corredores do hospital, vivi aquela palavra em cada letra. Entendi. Dentro de mim, a vida havia deixado de pulsar, já há alguns dias. A imagem de Pietá se construiu à minha frente, indubitável, implacável, com toda a sua potência.

E o médico de plantão me receitou um remedinho.

Na volta pra casa, já certa do fato, optei por não produzir em mim correntes artificiais. Esperaria pelo processo natural. Contrariar médicos sempre foi uma especialidade minha, mas não era esse o principal motivo: há tempos já havia decidido não artificializar a vida.

Na madrugada seguinte o processo começou. Fui despertada do sono com as pernas umedecidas, e o vermelho se fez presente. Dali em diante, foram várias contrações, num ritmo constante. Tornei-me um grande mar vermelho, partindo em duas a minha experiência: antes e depois daquela passagem. O sangue vinha em ondas, em contrações idênticas às do trabalho de parto, mas sem a dor, como uma música que acalentava o destino. Como uma doce voz que me embalava naquele momento duro e solene, e dizia que estava tudo bem, que era necessário deixar ir.

Era necessário partir.

Entrei em uma espécie de transe. De tempos em tempos, levantava da cama e ia ao banheiro, fazendo do corpo um templo de desapego. Sentia uma dor que não era física, mas que ressoava em outros espaços. O sofrimento, de modo surpreendente, não fixava morada: a certeza de estar vivendo plenamente também me deixava repleta de uma estranha gratidão por presenciar o divino. Impossível explicar, mas era essa a barreira que separava o suportável do insuportável, foi essa a barreira para que o sentimento de vítima não invadisse minha casa. Protegida pela Mãe e pela lua, eu realizava o sacro ofício, e me sentia absolutamente mulher. Reverenciava a vida. Contemplava o absurdo de me sentir no controle de alguma coisa – e isso foi um grande alívio.

Não quis acordar meu companheiro, e ele também – não sei como – não acordou com tantas idas e vindas. Acho que era parte do processo viver tudo isso na solitude. Perdi a conta de quantas vezes transitei entre o quarto e o banheiro, obediente ao ritual apresentado.

Amanheceu, e o processo ainda acontecia.

Aí a coisa mudou. O despertar do dia, da casa e especialmente das crianças me retirou daquele lugar de plena conexão. A luz do sol, ironicamente, me devolveu ao tempo ordinário, ao meu sistema de crenças repleto de medos e descrenças, e por essa fissura o terror me invadiu. Lançando-se sobre mim como uma fera sobre carne fresca, ele chegou com tudo.

Ele, o inimigo novamente à espreita, farejou a porta entreaberta e a escancarou como se fosse da casa, invadindo meus pensamentos com os seus: minha cabeça parecia um pastiche de todos os filmes *trash* de gente-que-perde-sangue-e-morre, e eu condenei imediatamente minha coragem de passar a madrugada toda sangrando sem falar com ninguém. E se eu tivesse colocando minha vida em risco? O que seria das crianças? O que seria de mim? E se? E se? E se?

Eu, que há pouco servia totalmente ao contato com o divino, que estava totalmente entregue à Senhora da Noite, naquele momento degradava toda a experiência, desautorizava meus próprios lugares sagrados, frente ao terror da culpa e da punição. Um grande dedo apontava para mim, e nele eu podia ler: imprudente!

É impressionante a minha capacidade de me tratar tão mal. Foi impressionante o espaço deflorado à entrada do carrasco. Foi horripilante me ver em plena metamorfose: de sacerdotisa em ritual a uma criança assustada e impotente. E pior: essa imagem era projetada no rosto dos meninos, eu lia no medo deles o meu desespero, ao mesmo tempo em que tentava esconder deles a minha falta de direção, o meu descontrole.

Pouco tempo depois, estava em um carro, com Djair na direção, indo pra um hospital. Lutando contra o torpor que queria me apartar daquela situação. Lutando contra a anestesia. Lutando contra o inimigo e seu dedo acusador, lutando contra a corrente de pensamentos nefastos que rasgavam minha imaginação como um trem desgovernado. Depois eu soube: nunca estive em risco. Não era uma quantidade de sangue perdido que ofereceria tal perigo. O maior problema, no caso, foi o delírio sem controle que intoxicou meu corpo com adrenalina e pânico, ligando o modo-sobrevivência e encarcerando totalmente meu presente e meu futuro num argumento trágico. Tal qual a criança que tinha pesadelos após ver um filme qualquer, que se desesperou ao saber que aviões caíam no Triângulo das Bermudas, que passou noites acordada com medo de cair em areia movediça, que tinha medo de o pai ir embora num disco voador, que não entendeu por que os dentes caíam e tantos outros pesadelos acordados que atormentaram minha infância por tanto tempo.

Eu não sabia, mas estava sendo iniciada nas artes de manejar o meu próprio imaginário, que sempre foi extremamente forte. Mas eu ainda era muito suscetível à sombra da minha paisagem interna.

Vitorioso, o inimigo só se retirou ao me passar às mãos de um médico salvador, deliciando-se com minha fragilidade e agendando para mais adiante o nosso próximo encontro. Porque esse não seria o último.

Chegando ao hospital, fui encaminhada para a curetagem. Eu, que tanto me orgulhava de não ter me submetido a um bisturi.

Eu, que tanto me orgulhava.

A vida, realmente, tem senso de humor.

Senhora,

Ensina-me, no amor,

a não temer mais a noite.

Ensina-me a ver,

nos seus contornos de prata,

a luz sutil.

Ensina-me a fé.

Luz generosa que guia a noite,

luz que suporta a quietude

da beira do abismo.

Senhora, me ensina

a humildade de ouvir,

a coragem de ver

e saber.

O período imediatamente posterior ao aborto foi, obviamente, um grande luto.

É normal. É comum. Estatisticamente, muitas mulheres passam por isso. Minha mãe passou por isso. Minha avó passou por isso. Não é uma tragédia, às vezes é má formação.

Das explicações espirituais, então, havia um monte.

Mas nem por isso é banal. Nem por isso deixa de doer.

Na semana seguinte à cirurgia, a vida ordinária já cobrava seu ritmo: além do cuidado com a família, eu estava em plena pré-produção de uma websérie junto aos meus alunos, e prestes a mergulhar por alguns dias num *set* de filmagem. Eu também estava a uma semana de ser madrinha de casamento da Denise, minha cunhada (e irmã de coração), com seu amado, o Edemar, coroando seu encontro nessa vida, uma linda história de sincronicidades. Em suma, eu estava cercada de fatos empolgantes e desejados, gerando um contraste com o momento que acabara de ocorrer, como um tempero agridoce na boca. Estranhamente, ao contrário do que eu mesmo imaginara, não tinha perdido a capacidade de me maravilhar com isso, mesmo com uma perda tão recente.

Mas luto é sempre luto, e ele cobra seu espaço.

Então, dois dias depois da curetagem, eu me joguei nas filmagens, abafando choros que insistiam em surgir de uma hora pra outra, sem convite. Uma semana depois também voltei às aulas de pós-graduação. E sem que eu estivesse pensando no ocorrido, no meio de uma discussão intelectual sobre dramaturgia, no meio de um raciocínio sobre o teatro dramático e o pós-dramático, o tempo parou. O ar faltou. O que morava dentro falou. E eu desmaiei.

Ajudada pelos meus colegas de turma, deitada até voltar à realidade, chorei durante muito, muito tempo, sem parar. Já que o teatro era a minha casa, foi esse o espaço que minha alma escolheu para acolher meu drama. E ele foi longo. Não havia palavras para se reconstruir a represa, não havia nada a dizer. Eu involuntariamente repudiava qualquer forma de consolo rápido, pré-formatado, mesmo que trazido com boas intenções. Somente as mãos não dissimulavam, não tinham pressa, não pretendiam espantar o desconforto coletivo. Só acolhiam, serenas, virando acalanto.

Do dia, além do rio infinito que corria de mim, só lembro de mãos que carinhosamente me davam para segurar.

Dayse, Karina, Paulo, Pedro, Fran, Esther... houve, nesse período, muitas mãos cuidadoras.

Estou aqui, elas diziam.

Aceitamos que também somos feitos de pranto. Suportamos sua dor com nosso silêncio.

E aquele foi um tempo de muitos silêncios.

Ao longo do ano, fui constantemente surpreendida por muitas crises de igual intensidade.

Algo mais havia morrido. E eu não queria enxergar.

Os meses seguintes foram um longo tempo de aceitação. Eu parecia estar cercada pela morte: todas as minhas crenças iam-se, uma a uma, sem me deixar a segurança de que alguma coisa ficaria de pé. Tudo, absolutamente tudo, foi passado pela peneira da verdade: meu relacionamento, meu trabalho, meus sonhos, meu futuro. Meu mundo era reduzido à imagem de um abismo a ser transposto. Eu estava naquele lugar desértico onde paramos, inertes, aterrorizados pelas provações.

Era época de um grande hiato: a perda total de todos os motores externos. Há nomes conhecidos pra essa crise: depressão, ansiedade, e tantas e tantas letras de fácil grafia que trazem como antídoto uma pequena porção de pílulas para simplesmente seguir em frente.

Porque é pra frente que se anda.

Não julgo quem se vale desses caminhos, muitas vezes é a única forma de não se afogar completamente, de recuperar um quinhão mínimo de sanidade e ânimo. Mas, no meu caso, eu já havia ingerido uma dose cavalar de autoconsciência para saber que simplesmente seguir em frente não ia adiantar nada. Eu sabia que estava no meio da parte mais densa da floresta, e voltar às bordas não significaria ter concluído a travessia. E eu precisaria atravessar.

Mas como poderia seguir?

Nunca mais cheguei a desmaiar, mas de tempos em tempos sentia o torpor de longe, seguido de um aperto no peito e de um desejo de desaparecer. Meu coração disparava, meu ser desesperava. Era dor de barragem, era muita energia destinada a deter o curso do rio: eu estava apartada demais do que deveria fazer, e me recusava a deixar ir o que já tinha ido. Mas eu ainda não tinha entendido que era isso, só conseguia sentir uma angústia sem nome. Em alguns dias, o simples fato de ficar sozinha com Pedro e Gabriel em casa me gerava um terror, depois culpa: Como não conseguir estar a sós com duas crianças? Com meus próprios filhos?

Como cuidar de duas crianças se era eu quem estava desesperada por algum cuidado?

Ainda bem, havia muito amparo: meus pais, que moram no interior, apoiavam com ajudas diversas e palavras de coragem, e eventualmente me recebiam para períodos de retiro. No dia a dia, podia sempre contar com o apoio e o amor da Dri, minha querida irmã, e também dos meus sogros, Djair e Socorro, que sempre receberam os meninos de braços e coração abertos. Havia os amigos próximos, Cinthia, Raiji e a Denise. E as práticas físicas também ajudavam: o *kung fu* (para o qual eu havia voltado) e o pilates (oferecido pela Paulinha Leite) iam me ajudando a criar uma certa estrutura, na esperança de que o corpo pudesse também ser vetor de mudança. Agradeço muito por esse período, a todo calor recebido, ao apoio cotidiano e essencial. Às vezes, eu só necessitava de outra presença. Bastava que eu não estivesse a sós com meus filhos na minha casa,

porque eu estava muito sozinha na minha casa.

Mas foi justamente pelas crianças, por essa necessidade do cuidado diário, que não me perdi no nevoeiro. Ver os meninos crescerem, brincar com eles, testemunhar sua amizade que crescia diariamente, ouvir secretamente as conversinhas que eles dividiam no meio da noite, ganhar os primeiros desenhos feitos com amor, contar e inventar histórias, ver o Pedro tocar violinos imaginários, ver o Gabriel se tornar um inventor de robôs, viver cada uma dessas delícias enchia meu coração de sentido e me inspirava a seguir procurando a trilha perdida na mata.

Enquanto isso, Pedro também achava os próprios caminhos com sua fala. Graças à ajuda de tanta gente, especialmente o carinho da Mônica Alterthum, sua professora no jardim, e da fono Ana Clelia Rocha, fomos desvendando o rumo dos seus pensamentos para que ele pudesse estabelecer as pontes necessárias e, sem abrir mão da sua particular (e encantadora) visão de mundo, poder se comunicar livremente. Ele, incansável em seus esforços, nos agradecia a possibilidade, e ao acompanhar sua travessia eu pensava no que eu, que tanto falo, também não conseguia dizer.

Através dele, percebi a necessidade de desvelar, novamente, a minha voz nesse mundo.

Enquanto eu não a encontrava, ia seguindo com minhas atividades. Além da pós-graduação, eu insistia na peça teatral *Jukebox*, que, assim como a autora e a própria personagem, estava presa em um beco sem saída. Por sorte, a peça não tinha prazo definido para terminar, porque escrevê-la realmente durou o longo tempo dessa travessia.

Na ESPM, amparada pela doce irreverência dos amigos-aprendizes Pedro Colombo, Marlon Brambilla, Clarissa Pellegrini, Bruno Ribeiro e Renatinha Oliveira, eu ia transmutando a dor em poesia: idealizando os capítulos seguintes da websérie *Arritmia* e finalizando o documentário sobre Itamar Assumpção. "Caia fora do contexto, invente seu endereço. A cada mil lágrimas sai um milagre", cantava Itamar na ilha de edição, através das palavras mágicas forjadas na parceria com Alice Ruiz. Entre um corte e uma gargalhada, eu redescobria o entusiasmo nas nossas criações, e o meu dia a dia tinha um colorido. Mas isso não bastava: sentia que tinha que haver uma mudança, um ato essencial a se executar, um novo passo a dar, e eu não tinha a menor ideia do que fazer.

Eu pedia, pedia... pedia um sinal, uma bússola. Nada do que eu fazia era bom ou ruim, simplesmente era. Mas era tudo, menos o suficiente. Então eu pedia para que daquelas cinzas brotasse, mais uma vez, o sentido. Eu já intuía que aquela experiência seria essencial para seguir vivendo com mais profundidade, mas uma coisa é saber com a cabeça, outra é viver a frase "Quem morre antes de morrer não morrerá jamais"– palavras do pensador argentino Silo. Bonito de ler. Mas e pra encarar a fera?

Contudo, nesse tempo, alguma coisa eu entendi. Eu, que dificilmente entregava os pontos, de certa forma agradeci ter sido arrastada para essa experiência, como quem tem medo da água e é jogada na tempestade. Viver a morte por dentro com tamanha intensidade fez dela parte do meu corpo e, ao final dessa passagem, tomei o impulso para tentar saltar sobre o abismo. Sem saber se haveria chão.

2012

?

Agradeço ao meu choro e ao meu riso,

a ter vivido dignamente o que foi preciso,

agradeço o retorno ao caminho sagrado,

agradeço a poesia alheia, em palavras mesmo, mas sobretudo em gesto.

E foram tantos, tantos...

Agradeço ter percebido o que desperta na gente um toque de mão amiga,

agradeço o som da voz de meus filhos pedindo: "mamãe, me dá a mão?",

agradeço a chuva que lava, que lava, que lava, que lava e que mostra que os céus também choram,

agradeço ao amor que renasce não por ser ano novo, mas por ser sempre.

Bem-vindo, 2012!

Assim comecei o ano. Ainda em hiato.

Eu só tinha uma necessidade: o amor.

Comecei o ano mergulhada em *Romeu e Julieta*, obra de Shakespeare que estudei para minha monografia na pós-graduação. Vesti meus desejos de ano novo com esse amor incondicional emprestado da História, renovando o meu desejo pela escrita e pela poesia: eram pilares que haviam resistido à tormenta. Junto a amigos atores queridos, Daniela Evelise, Cristiano Meirelles e Marco Antônio Garbellini, orientada pela Tatiana Motta Lima, mergulhei na poética do bardo e carreguei de coragem meu plexo ainda em arritmia. O teatro voltara à minha rotina, agora me reafirmando sua real potência: a arte de carimbar no espírito histórias que geram mudança.

Começar o ano assim foi um impulso maravilhoso, porque apesar de já ter iniciado um certo movimento interno, de tempos em tempos aquela crise ainda voltava. Os Trabalhos de Escola, aquele processo de autotransformação que havíamos iniciado em 2009, agora estavam finalizados, e o desafio era efetuar as mudanças no dia a dia, ajustando a vida cotidiana ao chamado interior do Propósito.

Mas nós ainda estávamos vivendo os ecos do terremoto anterior à mudança. Minha casa ainda estava em plena mutação, e o Djair também vivera o luto ao seu modo, enfrentando suas feras e travando suas guerras. Ainda bem, ele iniciou o ano com um novo ciclo, dessa vez já como terapeuta ayurvédico, no espaço que o acolheu e o iniciou nessas artes, o Viavidya. Lá também conhecemos novos amigos que nos trouxeram muitas experiências capazes de abrir o futuro e a consciência: Pedro Nebesnyj, Hugo Leal, Fran Otondo, Maria Guida, Márcio Ribeiro, Isadora Ribeiro, Nitai Caran, Ana Nava e tantos outros, uma nova rede que se somava à nossa mandala de pontinhos brilhantes, onde nós dois, ainda feridos, tentávamos nos amparar entre arestas.

Inspirada por Romeu, Julieta e pela obra de Shakespeare, eu buscava novamente uma trilha que servisse de chão ao nosso próprio amor. Era um momento em que os ácidos alquímicos colocavam à prova o que havíamos construído. Aos poucos, em duras conversas, fomos desatando nós, movidos pela intenção de ver o que era vivo, o lugar de não acomodação: foi um difícil período de testes e espinhos, quando qualquer ação brusca poderia ser corrosiva demais para o processo de limpeza que estávamos vivendo.

Isso, somado ao luto que ainda mandava sinais, agitava meu mundo interno todavia em tempestade. E novamente afirmo que, se atravessei esse mar repleto de correntes avassaladoras, não foi uma trajetória heroica. Não foi um roteiro norte-americano de mulher--maravilha-*self-made-woman*. Sim, a autossuperação existe, mas não acontece só, e sim graças ao apoio daquelas tantas práticas espirituais, ajudas incondicionais e mãos dadas com tantas outras pessoas queridas, em conversas preciosas, compartilhando a vida regada a cafés e sorrisos.

Essa força de vida não parou mais.

2012, o ano-do-fim-do-mundo, vendo-me ao pé do abismo pronta pra criar novas asas, trouxe-me um novo presente: um contato com o profundo feminino e com mulheres incríveis.

Elas sempre fizeram parte da minha vida. Sempre tive amigas, contrariando a frase estúpida e machista que diz que "as mulheres competem entre si", um lixo que o sistema de crenças dominante tem gosto por nos enfiar goela abaixo, especialmente por meio de novelas, filmes inúteis, revistas fúteis e programas de televisão. Nasci mulher, e com um orgulho incrível dessa condição. Sempre estive cercada de iguais e sempre vivi o poder de cura ativado por essa energia em conexão.

Então, atendendo a uma necessidade de eras, chegou até mim, através da Dani Duarte, um sinal de muitas dimensões: o Conselho das Anciãs das 13 Luas, vivências do profundo feminino focalizadas pela Sylvie (Shining). A princípio reticente, ainda fragilizada pela crise e intuindo que ali haveria poder a ser colhido, resolvi deixar de ouvir o medo e participar desse novo mergulho. Sem muito pensar, sentindo que poderia encontrar ar, fiz minhas malas para essa nova viagem aos universos interiores.

Chegando ao grupo, a imagem me emocionou: eu nunca havia participado de um círculo de mulheres, e percebi que precisava desse contato como de água no deserto. As experiências eram suaves e arrebatadoras (sim, é possível que essas duas palavras coexistam), e foram me devolvendo um senso de amor-próprio e diálogo com o profundo feminino. Novas amigas somaram-se à minha história: Adriana, Ivana, Roberta, Flavia, Sheila, Mari e tantas outras pessoas incríveis. Todas com histórias tão diferentes e com um objetivo comum: tomar contato com a linda criatura que somos e ter a vivência real (e não apenas uma ideia vaga) do que é ser mulher. A partir da constelação de sonhos que plantamos em nosso coração, queríamos delicadamente buscar as reais bases de nossa essência, libertar-nos de todo o resto e ter coragem de acreditar. Só isso: acreditar.

Assim, já imersa nessa nova onda, pedindo cura para todas as minhas relações, veio até mim um presente: em meados de setembro, o Djair atendeu uma cliente que também havia passado por um aborto espontâneo. Um fato trazido pela sincronicidade colocara em movimento um novo tempo de cura. Logo após a massagem, tendo descongelado um lago distante, ele me ligou, emocionado.

E finalmente, graças a essa história, pela primeira vez desde a minha volta do hospital, conseguimos falar sobre aquele dia.

Carta a Djair

(agosto de 2012)

Sim, já se passou um ano.

Quando você perguntou, não me surpreendi. Senti sua relutância em abordar o tema pelo telefone, como pegar em algo delicado com luvas de borracha. Senti sua hesitação, agradeci em silêncio o cuidado e acabei me surpreendendo com a simplicidade de sentimento que veio: sim, já fez um ano.

Não falei nada não sei por quê. Talvez por receio de tingir de dramaticidade algo que já era, para mim, cotidiano. Não quis fazer dessa uma data maior do que as outras, nem conferi exatamente o dia. Senti que estava perto e, assim como a primavera não começa exatamente no dia 22 deste mês (e as flores que estão surgindo por aí são provas), senti que essa precisão cirúrgica não era tão necessária.

Só sabia que ainda era inverno, e perto do tempo das flores.

Hoje conferi: foi na madrugada do dia 29 de agosto.

E, se não quis fazer dessa data nada tão diferente, não foi por fuga. É porque desde aquele dia tenho vivido essa morte todos os dias. Ela passou por mim, me deixou nua frente à possibilidade de minha própria finitude, me despiu de tantas certezas... me colocou de volta em um caminho antes relegado às férias, ao final de semana, ao período que se reserva para viver – se for capaz – o que nos gera vida, o que nos nutre a alma.

A partir daquele dia, comecei um longo, longo reajuste. Quis despir de mim o que não servia. Percebi – com dor – que muitos desses excessos têm raiz em apegos profundos, em tesouros, na minha própria personalidade. Em medos. Percebi espantada que, apesar de ter vivido uma experiência de despedida, repleta de sangue e de dor, ela tinha sido algo tão verdadeiro e vivo que me colocou em cheque. Colocou em evidência a palheta pastel dos meus medos cotidianos e me fez perceber que, no fundo, junto com aquela dor, havia um êxtase em estar plena e inteira em tudo o que a vida oferece.

Não que se possa viver diariamente naquela intensidade, mas deixar de viver por temer as cores vivas, por temer o vermelho vivo, era pior do que a morte.

Por isso, talvez, não senti falta desse luto com data marcada. Mas agradeço à vida por ter trazido a você, companheiro querido, uma experiência correlata para que você pudesse sentir um pouco daquela verdade, ainda que fosse na pele de outra pessoa – e bem-vinda seja ela que mostrou a você o indizível desse momento. Benditas sejam suas mãos, para que possam conduzi-la, a cada massagem, a um lugar de alento, de desapego, de aceitação. E, talvez, longe de toda a pressão de se fazer forte, de ser aquela mão que amparou o meu pranto, você possa ter liberdade de visitar esse lugar esquecido e também, agora, dizer adeus.

A vida é boa.

Essa frase me foi soprada no ouvido durante um desses momentos de extrema necessidade. Veio de dentro, de um lugar profundo. Achei singela a princípio, depois meditei sobre o sentido e entendi seu imenso poder de cura: eu não estava à deriva. Então percebi, não por um dogma, por uma moral externa, mas por experimentar esse sentimento, uma verdade deliciosa: há um amor imenso e profundo ao redor da minha existência, e é possível senti-lo se consigo romper as prisões da mente e o temor do futuro. E é esse amor que, sabendo-se necessário, produz na vida cotidiana, naqueles mínimos atos aparentemente sem importância, instantes de sincronicidade e encontro.

Instantes de cura.

O Conselho das Anciãs foi um processo gradual e muito profundo, que, juntamente com as percepções trazidas pelos Trabalhos de Escola, ajudou a apontar horizontes. Graças a essas experiências, somadas à terapia semanal com massagem ayurvédica pelas mãos da Françoise Otondo, fui redesenhando meus sonhos esquecidos, replantando no útero sagrado da terra as sementes da história que queria verdadeiramente viver e voltando a acreditar que a pretensão de me realizar por inteiro não era delírio do ego, mas a única forma de ser feliz.

As luzes da manhã começavam a mostrar sinais do dia. E, assim como o amor ancorado em Romeu e Julieta, canção da madrugada que transcende a própria morte, os céus também me apontavam, ainda que timidamente, um propósito, uma canção das estrelas.

Seria necessário reescrever parte de mim. Redesenhar a própria memória, mudar o lugar que eu ocupava em muitas histórias. Abandonar papéis contraditórios. Interromper processos crônicos de padrões nocivos. Curar ressentimentos, o terror do abandono.

Seria necessário coragem.

E curando passo a passo nossas fendas, novamente conspirando, sentindo que uma nova trilha mais uma vez se desenhava sob nossos pés, o Dja e eu trilhamos o semestre juntos. Corajosamente seguimos percebendo os padrões nocivos tecidos pela sombra dos nossos temores. Desconstruímos as antigas teias de aranha, deixamos morrer a velha trama e tecemos novos desejos de uma relação que nos tornaria livres novamente. Acreditamos que esses sonhos seriam possíveis. Saltamos sobre o abismo de mãos dadas, novamente pisando sobre o mesmo pedaço de chão.

Ainda havia bastante amor para seguir o caminho, e ele pedia cuidado para novamente crescer e irradiar. Um amor que sempre pressenti ser maior que nossas personalidades, nossos temores, que telepaticamente nos conectava e envolvia, que se mostrou maior que o terror da sombra. Maior que o veneno da descrença. Também maior do que a morte. Por ele, amparados por ele, atravessamos.

Com fiamos.

E então, ao final de 2012, logo depois do dia 21 de dezembro, um alinhamento estelar poderoso mostrava seu traço no céu. Eu, que sempre me senti parte das estrelas, olhava pra cima com grande frequência, admirando o seu desenho cósmico. Talvez por tanto ter estudado o amor de Romeu e Julieta, por ter me dissolvido em seu feitiço de palavras, provas e ácidos, por ter cruzado o deserto, os deuses me realizaram o pedido feito no começo do ano com um sinal evidente.

De alguma constelação, alguém ouviu meu chamado.

O mundo não acabou em 2012. E, sem saber, virei o ano diferente:

grávida de novo,

do novo.

2013

Francisco

Enquanto Vênus beija a Lua,

barca feliz com estrela-guia,

observo as marés que dançam.

Sonho com o filho das estrelas.

Espero,

aguardo,

anseio,

devaneio:

Em qual onda você embarcará, meu filho?

Terra.
Sempre a terra.
Meu corpo e a fera.
Lidar com a matéria
mater terra
era isso.

Era essa a lição de Francisco.

Mas isso eu só saberia mais adiante.

Por enquanto, era janeiro e eu me preparava para um ano cheio de surpresas. Eram férias escolares e, depois de duas tentativas frustradas de viajar para "o mato", tive que me conformar com um mês inteiro colada no concreto da metrópole.

Geralmente, vamos para Franca, interior de São Paulo, onde hoje vivem meus pais e onde sempre viveu a família da minha mãe, todos cafeicultores. Meus pais moram em uma chácara que a cidade já abraçou, um quarteirão inteiro de um bairro que abriga seu lar, um jardim, um pomar, uma horta e duas árvores gigantes. Minha mãe herdou essa terra do meu avô e, quando eles se mudaram de Juiz de Fora para Franca, foi lá que escolheram viver.

Quando criança, sempre passava as férias nessa chácara. Com a Dri e o Alfredo (meu outro irmão querido), junto com os primos que iam nos visitar. Construíamos cabanas de paus e folhas, arco e flecha de bambu, varinhas mágicas, entre tantas aventuras. Lembro de brincar entre os eucaliptos que, um a um, vi serem derrubados e andar pela mata criando histórias invisíveis. Lembro do medo de fantasmas que o piso de madeira e a escura sala dos fundos evocavam e para onde minha curiosidade me levava sempre. Lembro do fogão a lenha e do milho assando no fogo, das jabuticabeiras que me levavam até o seu topo e dos cavalos.

Foi lá onde também eu aprendi a cavalgar. Eu amava montar e galopar. E eu adoro a palavra "galope". Eu me sentia a mais livre das mulheres, nas costas do cavalo nada me segurava e vivia a cada janeiro minha grande aventura. Assim, ano a ano, sem perceber, ia registrando em cada canto de cada célula aquela sensação de liberdade que seria meu parâmetro por toda a vida.

Mas, no início de 2013, a história seria outra. No comecinho da gravidez, tomando cuidado pra não abusar, com os hormônios em polvorosa e sem poder sair, depois de um mês inteiro arrumando "programas urbanos" (dos quais os shoppings estavam sumariamente descartados), eu estava mais louca do que nunca e vivia um dos meus paradoxos: adoro ficar em uma toca, no meu canto, mas, se quero sair e não posso, fico igual a bicho enjaulado. Me sentia a mais dona de casa de todas as donas de casa, e isso era insuportável. Depois me irritava de estar sentindo aquilo, porque me parecia totalmente descolocado. Justo a casa que nos custou tanto construir... Justo carregando um novo ser no ventre... Um mês de tranquilidade. Não era o que eu desejava?

Não.

Então a aventura chegou à minha porta. Em uma tarde de calor imenso, sozinha com os meninos, o céu desabou. Uma chuva torrencial caiu sobre São Paulo. Acabou a luz. Os telefones emudeceram. A casa inundou. Nada muito sério, mas o andar de baixo virou uma piscininha com três dedos de água pelo menos, e foi tudo tão rápido que só me dei conta quando estava tudo alagado. Tentei fazer com que os meninos ficassem no sofá enquanto eu tentava salvar o que estava já encharcado no chão, mas logo eles tiraram a roupa e pularam na água fazendo a maior festa, muito felizes com a novidade. Eu estava tensa demais para compartilhar daquela alegria, e o máximo que consegui fazer foi não contaminar aquele entusiasmo abençoado com a minha ranhetice. Até que, no ápice da euforia, o Gabriel (só poderia ser) abriu os braços e fez xixi no meio da sala, ou no meio da piscina, e soltou uma gargalhada de satisfação. Era uma ode à liberdade, uma afronta à minha rigidez que estava sendo testada com aquela aguaceira toda.

Depois disso, entreguei. Consegui até dar risada, mas passei as três horas seguintes puxando água pra fora. Nesse tempo, minha irmã telepaticamente ouviu meu pedido de socorro e chegou para ajudar. O Dja veio só à noite, porque obviamente a tempestade deixou a cidade intransitável. A casa voltou para o lugar. E eu não poderia mais reclamar de que meus dias eram todos iguais.

E então, no dia seguinte, lá estava ele de novo: o sangramento.

Uma nova tempestade caiu, agora internamente. O terror de passar por tudo aquilo de novo. A confirmação da minha certeza de querer aquele novo filho. A dor daquele último ano passando em revista. O peso da memória alarmando o perigo. E uma estranha sensação de que estava tudo certo.

Dessa vez, foi a Denise, minha cunhada, quem me acudiu. Ligou para o médico que havia atendido seu parto (dr. Antônio Júlio), me acalmou com estatísticas, abriu outras possibilidades menos trágicas, amparou meu medo, abraçou minhas angústias e acalmou meu desespero.

Minhas irmãs. O amparo feminino. Novamente, a poderosa rede.

Quando Djair chegou do trabalho, fomos juntos ao hospital. Depois de uma longa espera, perto da meia-noite, vimos um serzinho que se mexia dentro de mim. E um coraçãozinho forte que galopava, galopava, galopava...

A partir daquele dia, eu só agradeci.

Um dito popular diz que cada filho traz consigo um saquinho de pão: uma frase bonita para encorajar aqueles que temem o futuro e a grande responsabilidade que é gerar uma criança.

No meu caso, essa é uma verdade incompleta. O que veio junto com eles foi muito mais que isso. E não só quando nasceram, mas por toda a vida.

Pedro nos trouxe um lar e uma família, a música de seus silêncios, a verdade sintetizada nas palavras, a força de sua inocência e a generosidade de coração. Gabriel nos deu a força para realizar o que julgávamos grande demais, mostrando que nosso tamanho não era proporcional aos nossos medos, mas à força do nosso espírito. Ele nos fez ver curvas onde havia só retas, dar luz e sombra ao nosso sonho. E quais seriam os desafios trazidos por aquela nova criança?

Fazer da casa uma casa.
Habitar-me por inteira.
Forjar-me mulher,
ainda que eu pensasse que já fosse.

Círculos de mulheres. O encerramento do Conselho das Anciãs das 13 Luas. Uma barriga que arredondava a cada dia. Lateralidade, horizontalidade, a vida mostrando-se, cada vez mais, uma grande mandala. O feminino pulsando. As transformações operando de um lugar absolutamente profundo, sutil, sem fogos de artifício e sem volta. Era uma dignidade antiga me chamando para ser o que eu realmente era, me fazendo checar todos os papéis inadequados que eu acabei assumindo ao longo da vida. E vários desses papéis me tomavam como uma compulsão, uma possessão que ia se desenhando em hábitos nocivos, em ações aparentemente inocentes, mas que terminavam me levando para muito longe de mim.

Então, se na espera de Gabriel nós construímos nossa casa, daquela vez eu estava construindo minha morada interna, o lugar aonde de fato pertencia, e tudo o que não era daquele mundo estava perdendo força. Esse movimento, iniciado na crise, agora trazia pequenos brotos das cinzas. Sem perceber claramente, minha vida cotidiana ia se transformando, e com Francisco eu caminhava para um novo espaço, onde não havia concessão possível para qualquer verticalismo ou resquício patriarcal.

Essa nova sintonia foi conduzindo minha percepção para novos lugares externos. Certo dia, lendo como um grupo de mulheres na Índia se armava com cajados para se defenderem mutuamente da violência doméstica, fui acometida por uma súbita comoção. Me espantava a violência do ato, mas o que mais me saltava à vista era a dignidade conquistada. As religiões pagãs, as artes mágicas, as ervas medicinais, as pedras, a costura, o artesanato, as histórias incríveis que me chegavam por meditação, tudo isso foi abrindo um novo universo. Eu não precisaria mais viajar para tão longe. Eu poderia estar enraizada, porque agora algumas portas já haviam começado a se abrir.

Não seria mais tão necessário fugir.
Só chegar.

A música da Terra se exigia a cada ato. Dentro, fora, todo o tempo. Surgia como um acalanto, como contrações revestidas de canto, amparando as tantas travessias, empurrando para as passagens.

E novas experiências surgiram, confirmando o novo movimento. Uma das mais significativas foi quando um coletivo feminista organizado por algumas ex-alunas me fez um convite para falar em um debate que aconteceria na ESPM. Tema: o violento assédio sofrido pelas mulheres em festas, no cotidiano e na forma como são retratadas nos audiovisuais produzidos pelos alunos e compartilhados em rede. Mulher, mídia, imagem. Adorei. De pronto, topei. Inspirada por tudo o que estava descobrindo sobre o sagrado e o corpo, me preparei. E o que aconteceu foi muito mais do que um inocente debate: viajei para longe, muito longe, ainda que meu corpo físico estivesse no século XXI. Naquele dia, quando eu pensava ter entrado em um simples auditório, de repente me vi em um local muito antigo. E com uma história de séculos.

Notas sobre o debate

(maio de 2013)

Alguns dias antes do debate, comecei a perceber uma criação de borboletas no meu estômago. Não entendi a razão desse sentimento. Será que eu estava nervosa? Era estranho. A coisa foi piorando até chegar o dia do debate, quando eu já acordei com trombetas na cabeça. Além disso, havia dois fatores intensificadores de sensibilidade: o estado da gravidez (que normalmente me faz ficar entre-mundos) e as reverberações de uma vivência que experimentei durante o último final de semana baseada em ensinamentos do profundo feminino. Ou seja, eu era tudo menos um "cabeção". Era um nervo exposto e um coração em taquicardia.

Ao entrar no auditório, a intensidade desse sentimento cresceu. Era, pra mim, um lugar já familiar, com muitos rostos conhecidos, mas a sensação era estrangeira. "Vou fazer o que dá", pensei, já me digladiando com meu ego-militante-fascista que me exigia nada menos que a perfeição (sobre esse senhor falarei mais tarde). Quando a coisa começou, minha voz parecia uma gelatina. E uma pergunta começou a palpitar na minha cabeça: Por que está tão difícil falar?

Quando terminei de dizer o que havia preparado (citando Rianne Eisler, que expõe brilhantemente, em seu estudo "O prazer sagrado", as diferenças entre relações de parceria e de dominação), fiz o árduo exercício do silêncio e da observação. Minha vontade era falar por horas, mas muita gente precisava se colocar também, e eu precisava entender

– ou sentir – o que estava acontecendo. Havia algo se materializando no subterrâneo do auditório. "Por que está tão difícil falar?" acabou virando, na minha mente, "por que está tão difícil ouvir?". E quando a forma da conversa passou da apresentação para o debate, quando as pessoas começaram a tomar a palavra, percebi que a dificuldade de falar não era só minha, mas de todo mundo que colocava (ou não) as mãos no microfone. Era uma densidade impressionante o que eu sentia, um estado de confusão latente, anos e anos de opressão eclodindo em tentativas de conter em simples palavras sentimentos contraditórios e difíceis de depurar.

Por que está tão difícil, por que está tão difícil?

E de repente sapatos começaram a voar pela plateia, e logo depois eram espinhos e insultos. Então eu percebi, em um rapto, que não estávamos falando só de um vídeo, só de festas universitárias, de passadas de mão, era um drama mais antigo. Era uma ferida profunda, muito doída, séculos e séculos de opressão, tudo encolhido em uma palavrinha de sete letras: estupro.

Pronto, aí eu vi: abrimos esse portal. Agora vamos ter que aguentar isso aqui... Agora vou ter que sentir as feridas de minha história pessoal, de todas as mulheres oprimidas, da minha ancestralidade, da origem do meu próprio país. Não era só eu, era toda uma linhagem, que em última instância abarcava a humanidade inteira.

De volta do rapto, percebi que voavam línguas, dividiam-se times, e o velho hábito de se combater violência com mais violência começou a se instaurar automaticamente. E a discussão, disfarçada de racionalidade, foi para o conceitual, para as terminologias, para os "ismos" e o problema dos "ismos". Uma fuga, seria? Vamos pro racional conceituar porque o termo é confuso ou porque é insuportável ficar no corpo e lidar com essa dor coletiva? Uma dor que tem nas mulheres suas maiores representantes, mas que também atinge todos os homens, é claro. A dor existencial é a mais igualitária de todas. E havia um grau de contrariedade e violência, de resistência, outra coisa que eu tentava entender ali. Por que tanta dificuldade em aceitar o direito humano a suas próprias escolhas? Nos meus anos de ativismo, só tinha visto esse estado de tensão e patrulha em movimentos que tratavam de uma polêmica em especial: o direito à propriedade privada.

Então, *tóin*. Um gongo.

Entendi.

Da mesma forma que é tão difícil abrir mão do direito irrevogável (e ilusório) à propriedade da terra, de um pedaço de um planeta boiando em um mar de estrelas e em infinitos universos, assegurado por um pedaço de papel registrado em cartório, assim era com o corpo. No momento em que cada um reivindica o direito de dar pra quem quiser, oficializa-se o fato de que isso não é do outro por um direito vindo de uma moral ou lei. Então vi que esse "direito tácito ao corpo humano alheio", em especial o da mulher (talvez por ser tão parecido com o corpo do planeta), é o que faz parecer que esses corpos estão à disposição para uso e abuso de quem assim quiser. Ao ter esse "direito" negado, ocorre, evidentemente, resistência. Então ficou claro que estávamos discutindo o direito à propriedade. Ou a confusão sobre o que é propriedade.

Novo rapto. Então vi o que é nascer. Chegar a esse mundo tão só e ter como consolo um seio jorrando leite. E ter a plenitude da vida pulsando no planeta. Sim, a vida é plena e generosa, e caminhamos para uma autonomia.

Primeiro aprendemos a extrair o ar por conta própria. Depois, aos poucos, substituímos a nutrição do corpo da mãe pela nutrição cedida pelo corpo da Terra. E a Terra é farta, especialmente no país onde vivemos, cheio de água, de árvores, de fertilidade. Não precisaríamos tomar nada, só colher o que nos é dado de bom grado, agradecer e também cuidar, devolver.

Muitas sociedades entenderam isso, e por isso havia tantos ritos de gratidão e reverência. Ao agradecer, tomamos consciência de nossa dádiva e nos tornamos felizes por estarmos sendo cuidados. E assim, embalados por essa graça, também cuidamos. É essa a troca. E nosso querido Brasil é pleno dessa dádiva, não é à toa que se tornou o Eldorado para quem, já refugiado de guerras, escassez e violência, aqui aportou há alguns séculos.

Então vesti em mim a pele do conquistador.

Senti a sede. Senti a minha chegada com outros pedaços de homens, senti o espanto com tamanha exuberância e o ímpeto de fazer também em pedaços a natureza que aqui vivia. O desejo de controle, de uma vida em fatias, em suaves prestações, mais fácil de se digerir, para suportar a dor do abandono, do autoabandono, que me levava a tomar do outro esse amor não recebido.

A conexão perdida.

Porque às vezes cortamos o canal, porque a abundância vem da mesma fonte pela qual também damos ao mundo alguma coisa. Mas na nossa ferida nos sentimos vazios e vamos talhando do mundo o que nos falta, manipulando, oprimindo e reclamando o direito quando ele nos é "negado". Compensamos esse vazio tentando pegar do outro o que, em nosso delírio, pensamos não ter. E também fazemos isso conosco: viramos servos desses infinitos desejos sem saciedade, das ordens daquele senhor que nos manda fazer isso ou aquilo, ser isso ou aquilo, provar que somos importantes, provar que somos melhores, que existimos. Viramos adictos de algo que possa acabar de vez com essa dor de estar vivo, e sozinho.

Porque, a partir desse lugar, perdemos a confiança na bondade e na abundância.

Então, possuímos. Fazemos do planeta, do outro e de nosso próprio corpo uma prótese bidimensional dos desejos desse tirano – ou tirana – que essa dor cultivou. Ficamos cegos à tridimensionalidade, à subjetividade do outro. Somos os bárbaros saqueadores, somos as terríveis manipuladoras, os déspotas, as supermulheres capazes de tudo, somos almas rasgadas por espinhos cobrando do mundo e de outros um remédio contra essa ferida. Se não recebemos, vamos pegar por roubo. Ou, no mínimo, passar a mão na bunda.

..."E passaram a mão na bunda da minha amiga",

e aí retornei do transe durante um relato pessoal sobre o ocorrido em uma festa da ESPM. Já não voavam tantos sapatos e algumas pessoas colocavam algumas histórias pessoais na roda. Alguns pedidos de desculpa aconteceram. E eu percebi que todo aquele barraco tinha sido também necessário, o circo precisou pegar fogo pra limpar um mínimo de feridas. Porque tem coisa que a gente limpa com a água e tem coisa que só o fogo transmuta. E, por mais difícil que tenha sido, cada um teve um papel importante, fosse na lucidez, fosse na confusão, para mover a carga de energia que foi mexida naquele auditório.

Do começo àquele momento, três horas haviam se passado. Oficialmente, houve um fim, mas quando eu saí de lá uma grande quantidade de pessoas ainda conversava e seguiu conversando nos bares. Pessoalmente, segui o debate nas horas seguintes, com a cabeça no travesseiro e a mente vivendo outras grandes discussões em sonhos. Acordei numa ressaca incrível. Fui meditar, fazer *tai chi*, qualquer coisa que me trouxesse de volta ao meu corpo, e então chorei, chorei, chorei. Não de tristeza, nem sei dizer que sentimento movia aquelas águas. Só sabia que era o tempo de recolher e aprender. De ouvir de mim o que ficou daquilo tudo.

E percebi, agradecida, que, depois de tanto tempo de ativismo, o que eu vivi foi uma experiência nova.

Difícil, mas nova. E viva.

Junho. A barriga já estava com formas de lua cheia. Eu seguia a gravidez sem sobressaltos, amparada pelas consultas com o dr. Antônio Júlio (que gravou as palavras parto natural no seu cartão de visitas) e pelas conversas com a Vilma, sempre esclarecedoras.

Do lado de fora, o tom da militância que tanto vivi no Movimento Humanista também ganhava novos contornos: além das reverberações do debate e das novas discussões geradas a partir dele, acompanhei a formação das "acampadas" urbanas de diversos movimentos em defesa da cidadania. A cidade fervia em manifestações contra o aumento das tarifas de ônibus e contra outros mil abusos.

Apesar de seguir acompanhando essas tantas atividades, já sabia que minha contribuição ao mundo se daria de outra maneira. O feminino recém-descoberto não respondia somente às reivindicações feministas, também pedia silêncio, leveza, escuta. O aprendizado na escola Waldorf me trouxe um amor pelas pequenas manufaturas, pequenas fadinhas, flores, costuras, delicadas texturas. A escrita também me pedia cada vez mais espaço, um chamado ao qual eu respondia com alegria, vertendo textos e mais textos no meu blog e começando também a escrever para alguns sites sobre maternidade. Até o teatro, que andava distante, voltou: a peça que eu estava escrevendo, *Jukebox*, estava prestes a entrar em processo de ensaio, enquanto eu ainda buscava sua estrutura final.

Após tempos de tanta densidade, só o que me interessava eram a arte e a criação. E uma linda experiência foi bastante significativa desse momento: quando resolvi registrar o final da gestação.

Tudo começou com um devaneio: tive uma vontade repentina de pintar a barriga e ir para a floresta fazer um ensaio fotográfico. Era uma coisa bem estranha pra mim, que sempre fugi das fotos. Era um desejo estranho à memória, mas também como um pedido distante, e vinha daqueles bosques sagrados, daqueles lugares-receptáculos de histórias. Foi um chamado a registrar aquele momento redondo, aquela barriga linda e marcar definitivamente meu mergulho no universo feminino.

Então decidi concretizar.

Em um círculo próximo de amigos, encontrei apoio. Raiji Takano, fotógrafo, topou registrar o momento. Fiquei matutando qual seria o cenário, como seria o figurino, a logística de entrar em uma mata em pleno frio de julho, até que ficou óbvio: esse lugar morava dentro de mim. Eu não precisaria ir até ele, o lugar surgiria por evocação. E o portal para esse universo também ficou claro: um espaço da minha casa onde faço meditação, escrevo, onde temos nossa biblioteca, onde viajo nos sonhos, onde reina um tapete repleto de almofadas, onde meus filhos brincam e contamos histórias, onde conversas importantes acontecem e onde há paz e aconchego. Onde, alguns meses depois, Francisco chegaria ao nosso mundo. Um ninho.

Aí veio a imagem de uma linda rede cobrindo uma superfície redonda orbitando entre pontos brilhantes. Então lembrei da Renata, vulgo Chavs, uma amiga que faz mandalas lindíssimas, como fios de renda, pintadas à mão. Marcamos uma tarde de preparação e, com ela, vieram também outras mulheres que exalam talentos especiais: Clarissa, Thaís, Letícia, Giovanna, Lorena. Em uma brincadeira, chamamos o evento de Mutirão de Vênus, porque era esse o exato sentimento que nos uniu: trabalhar para a beleza, para o amor e para a harmonia.

Nesse dia das fotos, cada uma trouxe o que gostaria de ofertar: cristais, flores, tiaras, tintas. Preparamos o cenário e o figurino, depois a Renatinha começou sua arte na minha barriga, a casa de Francisco, enquanto todas nós tecíamos adereços inebriadas por aquele momento de permissividade. Sim, para mim era quase subversivo, depois de tantas provações, viver a pura diversão sem expectativas. Os meninos, empolgados com a novidade e com a atmosfera que se instaurou na nossa casa, alternavam suas brincadeiras com breves aparições naquele círculo de mulheres em festa, sentindo que ali era tecido algo leve, bonito, mas também profundo e muito forte.

Entre pinturas, fiadas e risadas, passamos algumas horas em um tempo fora do tempo que não se mediu no relógio. Para finalizar o cenário, me ocorreu pegar umas luzinhas de *led*, dessas usadas no Natal. E então, finalmente, a sessão de fotos começou.

Eu sempre fui tímida pra fotografia. Sempre fiquei atrás das câmeras. Mas, dessa vez, nada me amedrontava porque o que eu buscava não era a captura (sempre falha) da ilusão que chamo de "eu", mas o contato com a trajetória interna que trouxe à Terra meu filho. Em total silêncio, refiz o caminho. Ao tocar nas luzinhas, lembrei-me da intensa conexão que sentia com as estrelas na época de sua chegada em meu ventre. Nessa viagem, algo aconteceu. Através de minha religação, algo maior ocupou o espaço e chegou a todos os participantes da casa.

E uma alegria imensa nos tomou, vestida de delicadeza.

E percebemos que a vida poderia ser mais profunda e mais leve.

E permiti que essa alegria fosse parte da minha existência.

E tivemos vontade de repetir mais e mais.

E o Mutirão de Vênus nasceu.

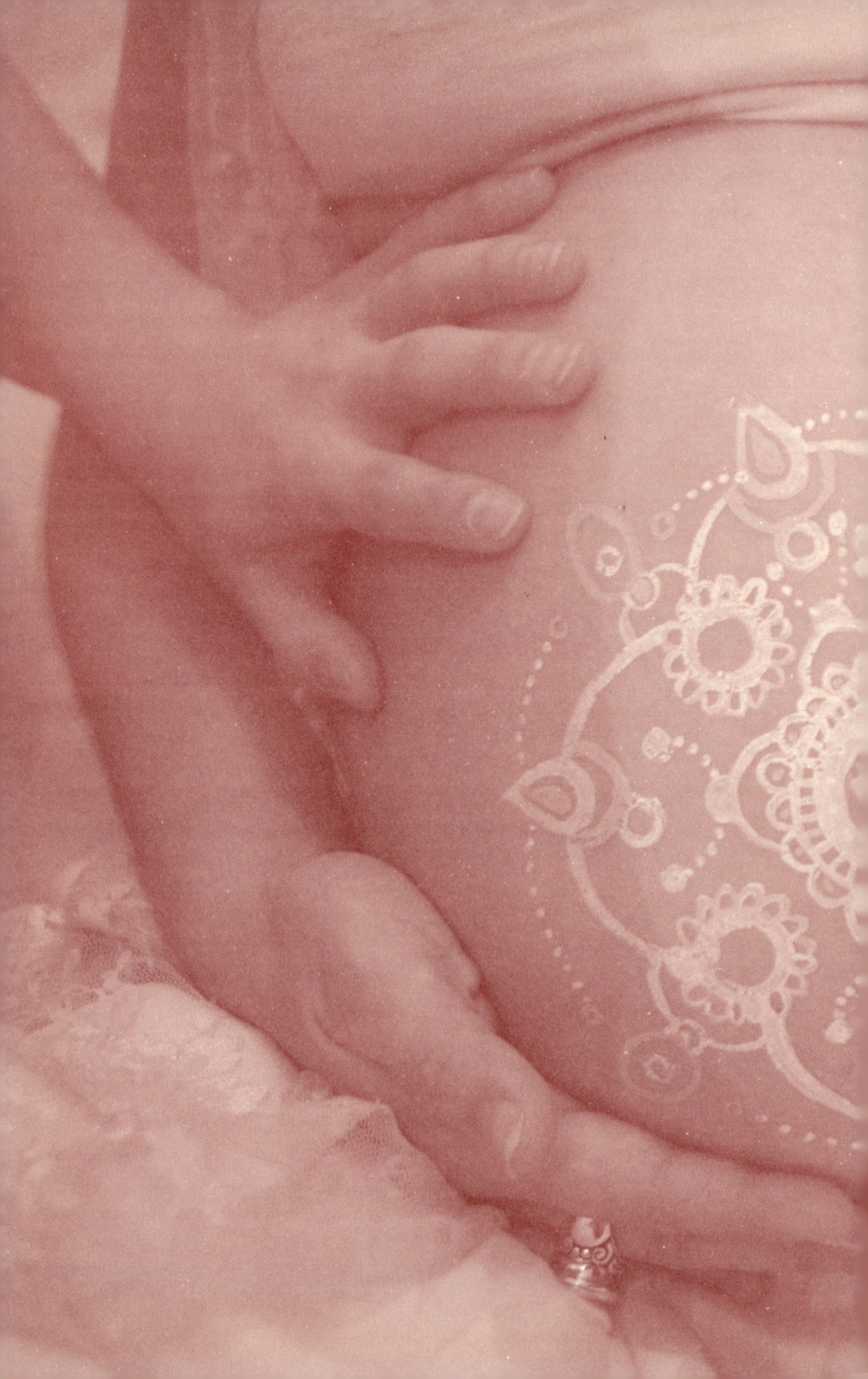

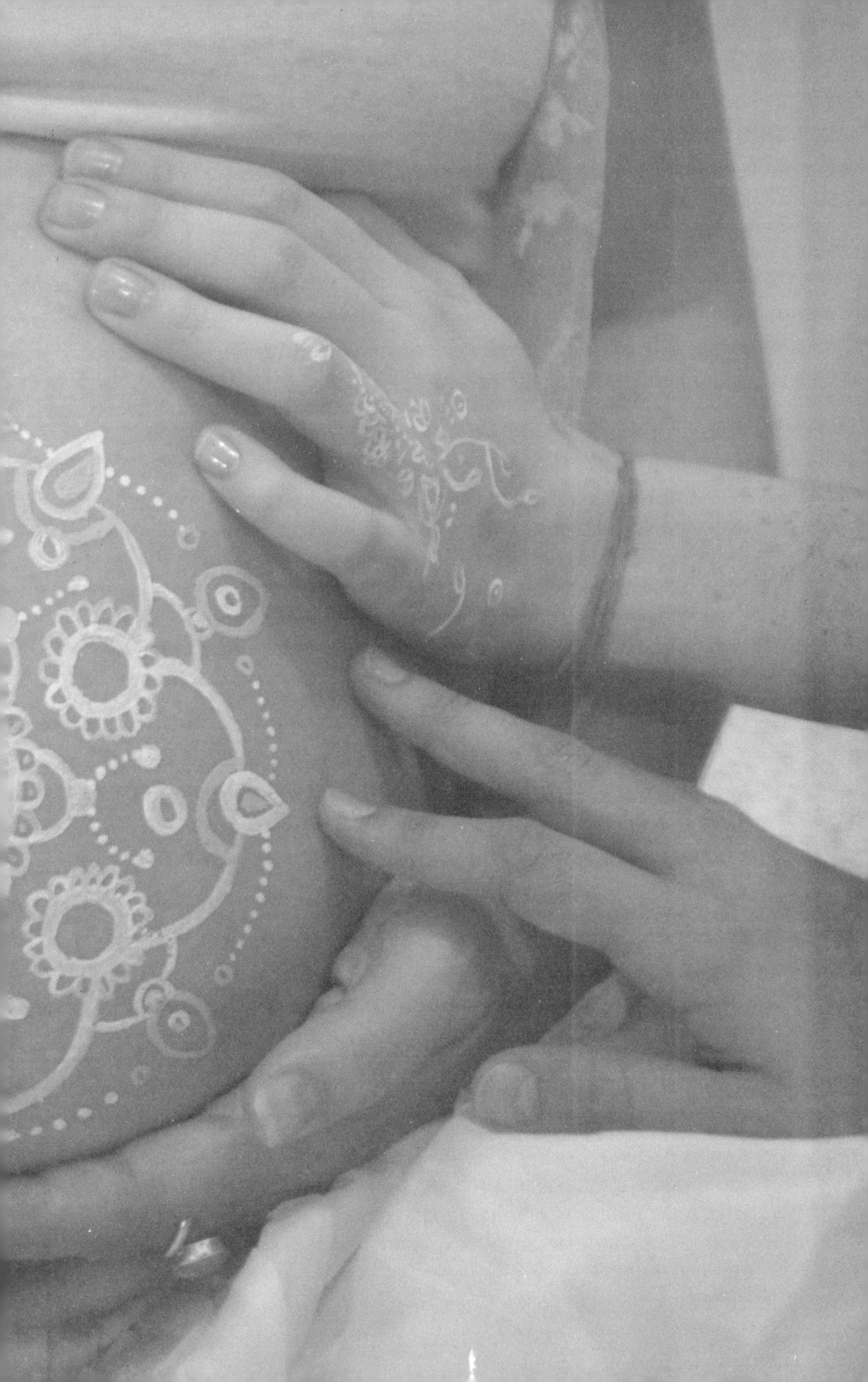

E assim, nesse clima ameno, os meses seguiram com a mesma atmosfera que esteve presente no dia das fotos. Eu praticamente emendei férias com a licença-maternidade e a rotina ficou bastante caseira, basicamente feita por escritas, cuidados com os meninos e conversas deliciosas com amigos queridos que vinham me visitar. Entre eles, Daniela Evelise, atriz recém-iniciada nos ofícios de parteira, com a qual eu dividia deliciosas tardes regadas a café. A Dani me ajudou muito na etapa que viria a seguir. Porque tudo ia às mil maravilhas, até que...

O último mês demorou um ano.

Como uma virada brusca na atmosfera, a vida-*trickster* deu uma rasteira na minha ilusão de controle: já próxima do "momento final", toda aquela harmonia venusiana que eu estava vivendo deu lugar a outros sentimentos inflamados. De repente uma nova tempestade se instaurou: hemorroidas, sinusites, dor nas costas, muita irritação com tudo isso e sem saber o que de fato estava acontecendo. Eu tinha sido virada do avesso.

A baixa de resistência, segundo a Vilma, era normal, para deixar a mulher em um estado mais receptivo. Mas a irritação não. E se há uma coisa que a Vilma sabe fazer é pegar você na curva. Ela nunca se convence com as explicações fáceis: *ah, essa dor horrível aí nas costas é o sobrepeso. É o colchão. É o travesseiro. Não. O que você está guardando aí?* Foi assim que a conversa no consultório começou.

A minha sorte é que ela me conhece no lugar onde melhor se conhece alguém: no corpo. E por mais que meu "cabeção" criasse histórias e mais histórias para justificar o que desesperadamente eu tentava esconder (até de mim), entre um aperto e outro nas minhas costas, ela desvendou parte do segredo.

Resisti. A Vilma apertou o ponto. Resisti. Apertou de novo. Resisti. Até que doeu tanto que a represa do orgulho foi transpassada e, ignorando toda a vergonha, uma verdade foi revelada: eu ainda carregava totalmente aquela experiência do aborto. Não, não estava superado.

Eu carregava nas costas a bandeira de todas as mártires. Eu, a mais forte de todas as mulheres. Por medo do abandono, por medo de ficar sozinha, por medo de me tornar a sombra do feminino, eu segurei essa experiência entre as costelas e entre os dentes. E essa memória retida estava na frente do novo que precisaria nascer.

Chorei, chorei muito.

Chorei de vergonha ao me ver naquele lugar tão rebaixado. Vergonha por ter percebido que eu carregaria qualquer carga, qualquer humilhação, para não me sentir sozinha. Percebi o tamanho dessa solidão, senti terror, mas depois compaixão.

O Djair estava lá. E percebeu também o quanto se apartou de algumas experiências. E percebemos o quanto nos apartamos de tantas coisas. E desejamos juntar as tantas partes desconectadas.

Ao chegar em casa, nos juntamos com os meninos, contamos a eles a história do irmão que não nasceu e fizemos um pequeno ritual, colocando um anjinho de pedra próximo a uma pequena escultura que simboliza nossa família no meu altar.

Depois disso, a dor nas costas achou seu caminho e virou história.

Carta a um anjo

(agosto de 2013)

Daqui a alguns dias, vão se somar dois anos. Dois anos desde sua partida para as estrelas.

Fiz desse dia um marco. Desde que você se foi, levou consigo uma trava, um espinho. Abriu um caminho vermelho entre minhas pernas.

Doeu.

Tentei fingir que era comum, tentei me agarrar às estatísticas, tentei voltar à rotina. Tentei me fazer de forte, mas do nada, de uma hora pra outra, desfalecia.

Derretia.

Fiquei com vergonha do fracasso. Fiquei com medo de ser punida por algo que nem sabia. Segurei sozinha sua mão, porque não deixei ninguém mais segurar, mesmo sabendo que não poderia nunca segurar você aqui. Porque a escolha foi sua.

Você chegou no tempo das folhas amarelas e partiu como partem logo as suaves flores de inverno.

Mas, ao romper o cordão, você rompeu muito mais.

Desligou, em mim, uma corda que me prendia. Desenrolou outro cordão do meu pescoço. Desencadeou um longo processo de liberdade, de reconexão, de reencontro com o próprio amor.

Você, alma imortal, me reaproximou do Caminho
me trouxe de volta as estrelas,
a ponte.
Você, filho querido,
me trouxe de frente à humildade,
me mostrou o tamanho da minha arrogância,
me mostrou reverência e fé,
mostrou que as marés que trazem a vida e a morte são
idênticas, que nascer e morrer é uma coisa só, e coisa que
não se controla: só se navega.

Seu luto foi minha liberdade,
não pela sua partida,
mas porque a partir dela
fui ao meu encontro,
ao meu próprio parir.

E nesses dias tão intensos,
há quase dois anos de sua viagem,
e a poucos dias da chegada de seu irmão caçula,
você nos trouxe a família.

Percebi, entre dores no corpo e nervos pinçados,
entre dentes cerrados,
que eu ainda carregava nas ancas o seu pequeno peso
que nunca pude embalar.

E carregava sozinha.

Percebi que apartava você do restante de nossa família,
percebi que ainda confundia sua trajetória de luz com meu
próprio fracasso
e percebi o quanto temia
enquanto meu corpo tremia.

Então, querida alma,
soltei de vez o cordão,
libertei sua memória da torre
e deixei que todos celebrassem sua existência,
entre dores e alegrias, a própria essência da vida.

Aí, e só aí,
no meu último suspiro,
respirei,
você foi, eu fiquei,
e só então nos unimos.

E juntos,
seu pai, sua mãe,
seus pequenos irmãos já em terra
e seu pequeno caçula entre mundos,
contamos sua história
para que nunca ninguém se esqueça de você.

Seu pai, por lhe sentir menino,
lhe batizou de Miguel,
e eu, por ainda lhe sentir flor,
lhe chamo também Sakura.

Aqui, você é anjo de quartzo rosa,
no centro da nossa unidade,
nas estrelas,
alma imortal
e parte (nunca apartada) de nossa vida.

Era quase tempo de nascer.

Chegou setembro, mas, passada a "data provável de parto", a espera seguia.

Eu já havia vivido esse momento, mas nenhuma espera é igual.

Dessa vez, eu estava com a casa inteira arrumada. Perfumada. Florida. E, apesar da "limpeza" promovida pelas conversas com a Vilma, a ansiedade aumentava a cada dia, e o que eu vivia como lar era um ninho de desassossegos. Eu não estava com vontade de conversar com muita gente. "Quero ficar quieta" era uma frase que saía constantemente, entre suspiros, em diversos momentos. Então, além do Djair, com quem eu dividia essas aflições (e que também estava particularmente sensível), era a Jô, que trabalha em casa (e é uma amiga com quem convivo há quinze anos), quem aguentava meus siricoticos, minha compulsão em colocar tudo no lugar, minha fala sem fim. Também contei muito com o apoio da Dri, da Dani e da Flavia (que já havia se formado como enfermeira obstetra e trabalhava com a Vilma), e a acolhida da minha mãe ao telefone, que esperava ansiosamente pela notícia de que poderia pegar o primeiro ônibus para São Paulo. Também recebi (sempre) a ajuda fundamental dos pais do Dja, que são como meus pais.

Sem motivos racionais (porque estava tudo bem), me via em uma montanha-russa de sentimentos, e o quadro era bipolar: por fora, uma quietude temperada, nem frio nem quente, com dias parecidos. Por dentro, um caos que eu tentava domar com meditações, artesanatos de todo tipo e arrumações de detalhes mínimos. Diferentemente da experiência da chegada do Gabriel, sobrou tempo pra organizar tudo, e daí veio o problema: sobrou também bastante tempo para pensar. Estava tudo certo. Era só esperar. Era só esperar. Era só esperar. Estava tudo certo. Será que demoraria muito? Por várias vezes, eu pensava estar entrando em trabalho de parto. Sentia as contrações, sentia uma pressão, mas depois parava. Eu quase desejei ter pedreiros e pintores em casa para poder brigar com alguém do lado de fora.

Mas não. A batalha seria outra.

Eu deveria ter imaginado.

Na verdade, sempre soube o que estava por vir. Na frenética organização da casa, em cada tentativa de colocar ordem em cada canto, em cada acontecimento, pousava a ilusão de ter o controle da situação e evitar o que seria um novo encontro com aquela criatura. Mas seria justo nessa brecha de medo que a porta se abriria e o palco se montaria.

Assim, às nove da noite da quinta-feira, em 25 de setembro, às vésperas de completar 42 semanas de gestação, finalmente aconteceu. Começaram as contrações e, dessa vez, eram pra valer. Fui surpreendida por uma tremedeira enorme, dos pés à cabeça. Tremia muito mesmo, parecia uma batedeira, com um bolo girando no meu estômago. A cabeça cobrava sua autoridade, exigia explicações, provava que estava tudo certo, que estava tudo bem, que era um momento abençoado, que eu já havia feito aquilo outras vezes, que seria ainda mais rápido que o Gabriel, e falava, falava, falava, enquanto eu, que já era meu corpo e ouvia aqueles pensamentos como se fossem de um ser extraterrestre, batia os dentes e sentia calor. Nessa hora, minha irmã estava em casa e tentou me acalmar, um pouco impressionada com a cena que via, mas tentando manter a lucidez. Logo meus sogros levaram os meninos para sua casa e ficamos a sós, Djair e eu, já sabendo que a hora seria de cuidar.

Com as mãos que mal conseguiam segurar um telefone, liguei para a Vilma, que estava em um hospital próximo de minha casa acompanhado outro parto. Ela se colocou à disposição para vir na hora em que eu achasse necessário. Mas ainda não era o momento.

Eu queria ficar sozinha, eu queria descansar. Eu queria ficar comigo. Eu queria estar em casa, em minha casa interna, naquele lugar sagrado de plena conexão, mas é como se eu estivesse apenas à porta, sem acesso à entrada. O lugar estava lá, lindo, convidativo, mas alguma coisa me puxava pra outro espaço: um medo terrível que há tempos eu não sentia, e nem sabia de onde vinha.

Resolvi dormir. Confiei que, assim como na chegada do Gabriel, os anjos estariam comigo. Tomei floral, rezei, pedi. De certa forma, me acalmei. Deitada, sentia as contrações indo e vindo, e finalmente consegui me conectar com a frequência desejada. De repente, senti um prazer enorme de estar ali. Por um momento, vivi a ilusão de ter dissipado o palco do pesadelo, porque, assim como ele, as mãos divinas que eu segurava naquela noite também eram reais. E foram elas, horas mais tarde, que me conduziram novamente além do abismo.

Às três da manhã, a Vilma me mandou uma mensagem. O parto que ela acompanhava havia acabado, e ela queria saber se devia voltar pra casa ou vir direto. Liguei e disse que seria melhor que ela descansasse, pois eu não sentia ainda que era a hora. O desejo de ficar sozinha ainda era grande, qualquer interferência me causava uma irritação enorme. O que eu estava experimentando era uma mudança vertiginosa de estados, passava de uma serenidade a uma impaciência em questão de segundos. Voltei a dormir e novamente me conectei. Eu me sentia como um corpo-fêmea que precisava ficar quieta no mato, mas com uma cabeça falante atrapalhando, gerando ruído, convidando o medo pra um lugar onde ele não caberia. E, nessa alternância, o dia chegou.

Com ele, brilhou o córtex frontal.

A crítica.

Levantei, impaciente, e assim percebi que a dilatação estava bem adiantada. Então fiquei na dúvida: ouviria meu coração, que me pedia um pouco mais de introspecção, ou as ordens que me mandavam "chamar a parteira, senão... e se..."? Nesse cabo de guerra, liguei pra Vilma e pedi que ela viesse. E, pela primeira vez, liguei para a minha mãe, ainda em trabalho de parto. Disse que logo logo Francisco chegaria, e ela, já de malas prontas, realmente pegou o primeiro ônibus para São Paulo. Não sei por que fiz isso. Das outras vezes, sempre avisava após o nascimento, porque sabia o nível de ansiedade a que meus pais chegavam quando sua imaginação tornava-se desenfreada. Foi puro impulso, ou talvez desejo de ter, pela primeira vez, minha mãe conectada a mim naquele momento, ainda que à distância.

(E isso, só percebi depois, também significava uma entrega.)

Às sete da manhã, a Vilma chegou. Eu tomei um banho e fui recebê-la. A essas alturas, depois de tantos encontros, já era uma amiga antiga quem eu via entrando pela porta, munida de uma bolsa mágica e daquele olhar de quem já testemunhou o milagre muitas vezes. Alguém que me conhecia em todos os ângulos, do mais terrível ao mais sublime. Ela estava bem cansada, e pude ver não apenas uma parteira, mas uma mulher recém-chegada de um parto muito difícil, com a perna machucada e tendo dormido apenas três horas. Uma visão comovente: essa devoção tamanha a um ofício sagrado, essa prontidão ao chamado das almas que precisam de ajuda para essa incrível travessia. Um sentimento de profundo agradecimento e admiração chegou a mim ao saudar sua entrada: esse é um encontro que está tatuado no meu coração por toda a vida.

Tomamos café, depois subimos à salinha de cima, o ninho onde as fotos venusianas tinham sido preparadas. Eu tentei evocar aquele espírito de harmonia. A dilatação estava, de fato, adiantada, mas ainda teríamos que esperar um pouco mais. Ficamos um tempo conversando, a Vilma, o Dja e eu, o sono ainda era grande para todos nós, então deitamos nas almofadas como se aquele fosse apenas mais um dia de sol.

Depois de um tempo, senti que as contrações estavam ficando mais espaçadas. Era como se um freio tivesse sido puxado. Alguma coisa mudou? O que eu estou fazendo de errado? Será que não deveria ter ficado deitada?

Pronto, agora era tarde: as dúvidas abriram a fenda. A brecha, ainda que sutil, foi como uma porta escancarada: o convite foi feito, e o bicho chegou.

Eu não sei se o que eu sentia era injustiça, mas era uma coisa muito parecida com isso. Resolvi que não poderia ficar ali parada, que tinha que fazer alguma coisa, e saí para andar pelo bairro. Vesti a roupa de Superparideira e resolvi tomar as rédeas do processo. Com o Djair me acompanhando, caminhei pelas ruas retas e íngremes, subi escada, desci escada, até que o ritmo das contrações voltou a ser mais frequente. Com a ilusão de estar conduzindo alguma coisa, voltei vitoriosa. Mas o lugar em que eu estava ainda era de uma instabilidade terrível.

O trabalho evoluiu, mas, assim como na chegada do Pedro, empaquei no mesmo lugar: dilatação total, nada aparentemente segurando, dores fortíssimas e nada do bebê "descer". Uma descida tão pequena, alguns poucos centímetros... Mas não havia alinhamento.

A Vilma, mais uma vez, tentava diversas estratégias. Primeiro conversar: "Do que você tem medo?". O que dizer, frente a isso? Tudo o que eu mais queria era que meu filho nascesse. Que conteúdos estavam escondidos por baixo da minha pele, novamente no meio das minhas costas, que serviam como impedimento?

Atrás de uma resposta lógica, fui ficando cada vez mais mais "cabeção", alimentando a adrenalina impeditiva da ocitocina que trazia as contrações capazes de trazer meu filho. Ao ver o quadro, a Vilma mudou de estratégia: escalda-pés (pra energia descer, porque eu estava fugindo pelo telhado), massagens, trabalho corporal. Desesperada, eu dei nem sei quantos chutes de *kung fu* na bola de pilates (que o Djair segurava nem sei como) com a força de quem quer derrubar um muro que está na frente, impassível, imóvel. Eu buscava, rastreava, falava, falava, falava e, quanto mais eu tentava, mais a cabeça tomava conta. Mais uma vez, eu estava fora de mim: não me encontrava nem na mente frenética e acelerada nem em um corpo que se recusava a ficar pelo menos alinhado. Sentia uma raiva enorme de tudo aquilo. Eu me sentia injustiçada. Morria de medo de que algo saísse errado e prejudicasse meu filho. Eu nem estava pedindo por um parto orgasmático, só queria que ele nascesse, pelamordedeus. E sentia que todas as tentativas de me ajudar eram ordens, eram julgamentos. Eu estava em pleno tribunal. Estava perdida.

Enquanto isso, em sua casa, minha irmã enfrentava uma cólica terrível (que ela pensava ser renal, mas que "passou" de uma hora pra outra), ao mesmo tempo em que minha mãe atravessava toda a viagem chorando com medo de que alguma coisa ruim pudesse acontecer. Disso eu só soube depois, mas é impossível não considerar esse momento. Eu não sabia o que eu estava vivendo, acredito que tudo isso tinha a ver com a linhagem feminina da minha história. Estávamos juntas, cruzando o limiar que separa o medo da vida da experiência imprevisível e maravilhosa que é a divina presença.

Dessa linhagem, eu pouco sabia. Da herança materna, havia mulheres de outros cantos do mundo, Itália, Portugal, que me eram ainda mais estranhas, sendo eu brasileira e índia de espírito. Das minhas ancestrais do Oriente Médio, trazidas pelos pais do meu pai (que eram sírios), eu só ouvia rumores da dura realidade abafada pelos véus. Independentemente de qual delas gritava em mim, era eu quem estava na ponta do tempo, era minha a missão de cruzar o portal, vestir-me de todo o poder destinado à mim, mulher contemporânea, com toda a força da vida pulsando em meu útero.

Mas, para isso, era necessário não fugir. Só havia duas opções: cruzar o limiar ou retroceder. E, para escolher a primeira, seria inevitável agir.

Ou ceder?
Eu não vou conseguir!
Eu só queria que alguém acabasse com isso!
Alguém me tire daqui!

Vozes que ecoavam longe. Seriam minhas ou memórias distantes? E o que importava se eram ou não?

O que era meu? Nessas horas de trabalho de parto, perdemos totalmente os contornos. Nossa herança celular, o rio de nossas histórias que correm junto com o sangue, tudo isso fala, tudo isso pulsa, é ativado, e não importa se é lembrança do passado ou medo do futuro. É o que se experimenta como realidade, como um sequestro dos sentidos.
Então, de repente, era ele na minha frente.
O inimigo.

Meu odiado salvador.
Eu, num deserto, com uma espada em cada mão.
Ele, com sua voz tacanha:
Não, você não vai conseguir.
Sim, eu vou. Saia daqui, este lugar não é seu.

É você que não me deixa ir, tem medo de precisar de mim. Já salvei você uma vez, lembra? Você deve sua vida a mim.

Eu vou fazer isso sozinha.
Irresponsável!
Desaparece!
Nunca.

Eu não quero ficar aqui! Eu não quero ficar sozinha!

Mas eu estava. Fingindo ser forte, de espadas em riste, mas entregue às minhas maiores compulsões. E sentindo que ao redor só havia impaciência e julgamento. Querendo chutar tudo pela frente.

Eu, no banco dos réus.
Crime? A teimosia de ser.

Num dado momento, debaixo do chuveiro, a sós com minha guerra pessoal, entendi um pouco do que tinha que fazer. Chamei o Djair, que estava agoniado em algum ponto da casa, esperando que eu conseguisse me libertar daquela prisão mental em que estava aderida com unhas e dentes.

Se precisar ir para um hospital, eu vou. Não preciso provar nada para ninguém.

Quer ir agora, então?

Não. Eu só precisava falar isso.

Eu ficava aterrorizada só de pensar em sentir aquelas dores apertada em um carro, no meio do trânsito. Mas precisava dizer aquilo, me liberar da Superparideira, flexibilizar a rigidez da armadura. Precisava me permitir sair, mas mesmo assim decidi ficar.

Nem por isso ganhei medalhinha por bom comportamento. Apesar de ter exorcizado parte do problema, ainda havia algo a se fazer, porque o quadro, aparentemente, era o mesmo: eu ia do banheiro pra sala, da sala pro banheiro, empurrava, fazia força e nada. Depois tentava de novo, em muitas posições. Até que, passado um tempo grande de tentativas frustradas, a Vilma me disse para ir para a cama e descansar.

Você está exausta. Não faça mais força agora. Há tempo para ele nascer.

Foi como pedir pra uma cachoeira correr pra cima. Eu até tentei "obedecer", mas, a cada contração, pulava igual pipoca. Era impossível ficar quieta àquela altura. A Vilma sabia disso. Mas ela, em sua intuição, ouviu que eu precisava ficar a sós, e só deu um empurrãozinho final – disse a única coisa possível para alguém que combatia a espadadas cada sugestão oferecida: me falou o contrário do que eu deveria fazer.

Na realidade, àquela altura do trabalho, meu corpo já havia tomado conta e fazer força não era mais um ato de vontade, era totalmente involuntário. Eu nunca tinha experimentado aquilo. Não sei como se deu essa mudança de estado, mas um desejo, o maior de todos, me conduziu ao final da travessia. Então voltei para o chuveiro, já entregue àquele maremoto de sensações, já não me pertencendo mais, já não controlando mais nada, nem pensamentos nem gestos. E a cada contração a força se fazia em mim, e eu só me lembro de abrir os braços, me apoiar nas laterais do chuveiro e gritar, chorar, rezar, pedir.

Um barulho insuportável.
Insustentável.
Tão intenso que gerou uma fissura na pele
desidratada daquele deserto de dores.
Uma nova fenda. Suficiente abertura.
E a vida, que não perde tempo, vazou.

Pela ferida, entrou uma gota em forma de canto. Suave, doce, acalanto, vinda daquelas mãos que me acompanharam madrugada adentro. Era voz sutil demais para se ouvir à luz ofuscante do sol a pino, naquela cegueira repleta de fúrias. Mas ela estava ali, sempre esteve. E, no meio do turbilhão, alguma água chegava em sussurros.

Na espiral dessa dança, a voz do inimigo se fez vazia, derreteu-se na enxurrada, levando com ele a armadura. Ofuscado pela onda avassaladora que tomou a frente daquele drama: a vida e sua necessidade de existir.

E nesse curto-circuito eu senti, finalmente, aquela conexão perdida, a única que poderia mover minhas pernas para longe daquele campo de batalha. Do pior dos cenários, do pior pesadelo, minha descrença na bondade do mundo deu lugar a uma entrega que só se consegue na fé. Mas a fé não chega a priori. É uma dádiva concedida quando você se joga de costas em plena ausência de luz.

Dar-se à luz.

Num susto, senti a cabecinha descer. Nunca vou conseguir descrever a alegria daquele momento. Foi um presente divino entregue pela água, me concedendo, mais uma vez, a felicidade de amparar um novo ser.

Dija, ele está nascendo! – foi o grito mais alucinante que já soltei em toda a minha vida.

E meu companheiro e a Vilma vieram correndo, me conduziram cuidadosamente até a sala, e lá pude, mais uma vez, presenciar a grandiosidade dessa experiência.

E você, filho querido, esperou, paciente, que eu terminasse minhas guerras. Esperou que eu gritasse por socorro. Esperou que meu orgulho cedesse. Esperou que eu desistisse de tudo o que achava ser chão, até que a terra verdadeira me amparasse pelos braços,

você esperou, paciente, que a Mãe chegasse à nossa casa

e ela se apresentou
e ela me acalantou
para que eu tivesse forças pra te conduzir
e embalar

e ela me encantou
e ela me transformou
até que eu, feita terra,
em terremoto me abri.

Até que eu, frente à fera,
fiz a entrega e parti.

E então,
e só então
você chegou

e eu morri.

Primavera de 2013

Flashes pós-parto:
o puerpério
e seus ensinamentos

Estava eu, descortinada,

além da terra devastada,

carne exposta, desnuda

e coberta pelo manto da mãe.

Coberta de mãe, dos pés à cabeça,

coberta de mãe, com a cria nos braços, com os braços da cria abraçando o milagre.

Eu só não sorria mais porque há limites físicos para onde os contornos aguentam. Mas dentro, eram traços infinitos.

Eu era outra, em um novo lugar: país onde brotam todos os sonhos.

Terra: meu corpo. Era o começo da primavera. Uma primavera depois de um longo, longo inverno.

Após o terremoto, flores renasciam. O estado de graça dos primeiros dias. O pequeno ser que eu não cansava de aninhar. O parto ainda recente, voltando tal como um sonho, viagens rápidas a outra dimensão onde eu colhia pérolas.

Em um desses momentos, no mesmo chuveiro que testemunhou minha aventura, um desenho se fez. Entendi o porquê do impulso de querer estar só: eu precisava estar sem mais ninguém para perceber que nunca estive sozinha. Precisava encontrar aquele lugar de conexão e fazer isso no ápice do desespero, no momento em que eu me sentisse mais terrivelmente desolada.

Então percebi: eu havia deixado a *Jukebox*. A peça teatral inacabada, o argumento estagnado da minha história finalmente encontrou movimento. Pois era essa a ferida que precisava ser curada: o abandono total à mais terrível das noites, a submissão a uma ordem externa por achar que o Pai e a Mãe haviam deixado esse mundo. Delegar à mente estreitada que aprendemos chamar de razão a condução da própria vida, sujeita à tormenta dos temores e pesadelos. Desconfiar do que é vivo, querer controlar a terra em vez de reverenciá-la.

Então eu vi que teria que desprogramar muita coisa marcada há muitas gerações. Olhei pro rosto do planeta, pra pele da Terra e vi a exaustão dos recursos, a ânsia mundial de tirar tudo de uma vez antes que tudo acabasse. Vi a forma como lidamos com os alimentos, enfileirando exércitos de pés solitários, em um modelo condicionado a uma trajetória de endividamento bancário e escassez. O medo da ausência. As mentiras daqueles que pensam que mandam. A submissão dos que temem, e tudo querem. A cerca. A posse.

Tudo isso era parte de mim, presente na minha ancestralidade, gravada na fita de DNA, e desconfio de que não foi à toa que, nesse parto em especial, minha mãe e irmã estavam tão conectadas. Acredito que era a terra, também na minha linhagem, pedindo ar, tentando driblar o carrasco colocado à porta da cela feito cerca de arame farpado: o mesmo controlador de vidas que tanto me atormentou.

A terra não proverá. A mãe não está. São essas as afirmações que carreguei feito espinho preso à alma, gerando a fissura por onde entraram todos os fundamentalismos, toda a violência, a pequenez dos gestos, a falta de calidez, os verticalismos, as ilusões de poder, uma triste e tosca imitação dos deuses que intuímos ser – e, creio, realmente somos. Mas não uns acima de outros. Vi novamente a nossa humanidade como uma grande teia horizontal, uma rede entrelaçada de pontos luminosos, e cada vez mais iluminados quanto maiores forem a abrangência e a percepção de uma consciência infinitamente maior do que um conjunto de características que aprendemos a chamar de sou.

Percebi, em minha rede de relações, na minha rede neural, a limitação imposta pela covardia, cujas bases se firmavam em um puritanismo absurdo, e,m uma história bizarra contada e recontada através dos tempos, em que nosso lugar é um rito de dor. Vi essa corrente atada ao fio da história e vi que havia outras histórias penduradas na grande árvore do universo, esperando novas crenças para uma nova colheita. E nessa visão percebi que as crenças são também apenas frutas a se colher, e apegar-se ao sofrimento como base de vida era como escolher o que apodreceu no chão sem conseguir olhar a fartura acessível ao toque dos dedos... porque um amor gigantesco está espalhado pelo ar, generosamente disponível a cada primavera que comprova que os invernos têm fim.

Foi isso o que eu experimentei, mas foi necessário atravessar o deserto. E foi necessário curar também a triste figura que me congelava em uma cela ilusória, lugar onde aceitei ficar porque acreditei que a culpa existia.

E que raios de culpa era essa? Prepotência de achar que carrego no lombo todos os males do mundo? Terror de sujar as mãos, os pés? Pisar só com a ponta dos dedos nessa existência? O medo de ser vilã, vil, banal, de ser parte sombra, de secretar líquidos, sangue, excrementos? De me lambuzar na lama? De ser inteira carne? De aceitar em mim e nos outros o imperfeito, o torto, o grosseiro, o rascunho? De encarar a descida, a humilde viagem a um tempo em que há tanto a fazer entre sombras e luzes?

Descer, descer, cair. A queda. O pecado. Tantas e tantas afirmações negando o prazer da existência terrena, criando pontas acima de pontas, impedindo os mínimos centímetros que separavam meu filho do ato de existir. Porque, é claro, eu desceria junto, mais uma vez. Eu teria que afirmar o amor ao mundo tal como ele é. O inimigo, o vilão, o medo primordial que nada mais é do que um guardião de um profundo poder: ultrapassar a barreira da descrença, saltar sobre o abismo cinza-cético para ver a vida revelada.

Sim, é um sistema complexo. Abraçar uma nova forma de ser implicaria, necessariamente, expurgar todas as crenças de desamor ao corpo, de pecado, de punição. E, ao deixar pra trás a vítima que eu sempre representei, a eterna aprisionada, que nova aventura me tocaria viver? Ao se descortinar uma vida isenta da necessidade de sacrifícios vãos, quais seriam as ações verdadeiras? Ao despir de mim o véu de culpa que forjava minha santidade, que criatura de mim sobraria? Alguém feita de carne e sangue, alguém horizontal, com pés no chão e mãos a serviço e mais radiante que santas que negam a vida por medo de ser.

Não tinha roteiro, só um mapa, um caminho traçado pela suave alegria que acompanha os passos da real direção. Apesar de todos os maus-tratos, eu estava no colo da Mãe, vivendo sobre seu corpo. Ao tirar a armadura do controle, ao deixar para trás a revanche da descrença, senti seu abraço. E então pude experimentar, por um momento, o que era ser grande, do tamanho que me pede meu espírito, não apenas uma versão reduzida do eu, pura estratégia de sobrevivência de um ser acuado pelo medo e pelo ressentimento.

A partir daquele dia, mesmo sem saber tão claramente, eu iniciava uma nova viagem na direção do meu propósito.

E foi isso que Francisco trouxe com seu saquinho de pão.

que daqui parti

(terceiro ato)

Suportar
a dor da partida
até que se cumpra o destino fiado.

Com fiar,
na mesma medida
com um pé sem apoio e um passo já dado.

Tremer
saber-se incerta
e ver que lá dentro é estranha a morada

Habitar
acalmar pensamento
ainda que a carne pareça rasgada

Desenhar
num raro silêncio
a linha que escreve o próximo ato

Desnudar
em três movimentos
o mar que transborda com sede de praia

Acordar
em lúcidas horas
sabendo-se errante sem mapa nem nada

Escutar
em ruído constante
a voz que me envia pra terra sagrada

Receber
na dor de quem pare
o novo que chega da morte iminente

Entregar
ainda que tarde
ilusão de que a vida é só pensamento

Abraçar
no corpo da gente
o ser que em chegança me pede um abrigo

Embalar
num canto-lembrança
tirando da história o terror do castigo

Mais errar
como erra, criança
a súbita cria tomada de vida

E criar
entendendo, na dança,
o tom de uma história não mais dividida.

2014

*Ou você dorme
ou deixa nascer.*

Assim foi com eles. Mas também comigo.

A porta aberta por Francisco não fechou mais. E dela saíram sonhos-semente pedindo chão para brotar.

O ajuste seria inevitável. Depois de tanto percebido, seguir no mesmo estilo de vida seria contraditório demais. Já não fazia sentido me encaixar em uma engrenagem que, percebi, caminhava para um colapso. Era um ajuste grande e sutil, porque eu havia me especializado na arte de disfarçar minhas obrigações de vontades. Assim, quando Francisco cresceu e eu "voltei à rotina", percebi a tendência de colocar em segundo plano atos essencialmente inadiáveis, com o discurso de "ter que sobreviver". Mas o renascimento vivido nesse último parto já não dava mais base para aquela pessoa existir, e a parte viva que havia despertado encontrara a voz para manifestar sua urgência.

E qual seria o fio traçado por aquele sorriso de infância? Para onde olhava aquela menina? Com que personagens seu coração pulava ao se imaginar viver?

Era ela a contadora de histórias, abraçando uma lira e fiando infinitos mundos. Na música, na dança, no riso, no rio de palavras que sempre escutou ao longe, atrás da armadura dos egos, naquele lugar onde nascem os contos. Era a fada e a bruxa, era a selvagem montando cavalos em pelo, a sensual dançarina entre véus, a aventureira das terras além-mar, e também as velhas mancas, a palhaça muda, as loucas, as vilãs, os fortes, os fracos e todo um universo que esperava por ser contado. Munida de uma pequena bolsa, sapatos confortáveis e de um mapa de navegação para entre-mundos, ela saía pelo quintal construindo realidades em outras dimensões. E era chegado o momento de trazê-la também à realidade visível.

Um novo movimento.

E esse chamado não era apenas meu, mas também do Djair. Um pedido por ressignificar nossa criação, retornar ao teatro, à arte, à nossa divina irreverência, a novas maneiras de trazer recursos, algo que não nos endividasse o espírito nem que nos dividisse internamente, ou entre nós. Um chamado pela loucura dos inícios e pela organização do presente: uma vela acesa a Dionísio, outra a Apolo. Um desafio gigante, que depois percebemos: não estaria restrito apenas ao trabalho, mas incluiria a criação de um novo estilo de vida e a escolha da própria escola dos nossos filhos.

E assim foi, e tudo ao mesmo tempo. Em epifanias regadas a café na mesa de nossa casa, conversando com Panzeri, Alê, Lívia, Lucienne, buscávamos saídas para nosso ofício nos palcos. Na chácara Toque Natural, redescobrimos a permacultura, trazida pelos queridos Felipe, Laura, Gustavo e Diana, e o Dja passou a cultivar uma horta no teto de nossa casa, ensaiando planos futuros. Nesses planos, pressentimos, nunca estaríamos a sós, e os coletivos de fato com relações reais voltaram a encantar nossa vida, somando cada vez mais gente à nossa rede de pontos cintilantes.

E essa trama expandiu-se muito mais quando nos somamos a uma nova empreitada: erguer no coração da mata a escola Waldorf Guayi, que estava nascendo a partir de uma comunidade de professores, mães e pais. Nela, acolhido por uma turma de crianças lindas e pela professora Rosana Dourado Gomes, Pedro transbordou seu universo interno e perdeu de vez o receio de se expressar, graças ao amor que sentiu emanando desse espaço. Ninhos de amor: lugares assim não só valem a pena existir, como são absolutamente necessários. Então, junto com os tantos outros amigos sonhadores-concretizadores dessa nova comunidade (cuja mandala de nomes não caberia nessa página), encaramos a tarefa de levantar essa escola do chão, com aquela alegria única de quem cria algo até então inexistente, mas coerente com o mundo em que se acredita.

Guayi, semente boa. Tudo apontava para o novo, para aquele delicado instante que guarda o tempo antes de a vida surgir. E um broto, tal qual as primeiras faíscas de um grande fogaréu, pede suavidade, escuta, atenção.

"Você está nutrindo seu sonho sagrado? Está fazendo brotar as sementes depositadas em seu útero, fazendo crescer o que te fortalece, o que te faz viva?"

Eram essas as grandes perguntas plantadas em meu coração pelo Conselho das Anciãs e que conduziram minha vida tal como uma enxurrada que não se segura, mas vive-se no corpo como uma dança misteriosa – era preciso mostrar aos meus filhos e a mim mesma a felicidade de aceitar e viver o próprio destino. Sem ouvir as chantagens dessa época, sem o temor da escassez, sem achar que isso era loucura ou falta de seriedade.

O que é necessário, mais uma vez, deixar ir?

Tentar responder era a única forma de seguir inteira, entregue ao fluxo.

Até que o que se anunciava aconteceu: por uma série de sincronicidades, no final de 2014, acabei saindo do meu trabalho como professora da ESPM, onde estive por nove anos. Foi um tempo lindo, de muitos encontros, muita gratidão, mas a partir daquele momento a vida me levaria a um novo lugar. A princípio, sem nenhuma estabilidade.

Não sabia o que me esperava. Mas, apesar do susto, sentia que seria bom.

Então, nessa maré, uma nova onda de mulheres incríveis surgiu: Priscilla, Sabine, Sarah, Lizandra, Mila, Ivana, Vera, Dri, Dani, Eugênia, Fernanda... Algo antigo em mim tomou força, pediu espaço e me soprou no ouvido a arte de libertar histórias: era o começo de muitos novos projetos. Novamente, coletivos. E o temor de um futuro incerto foi dando lugar a uma suave alegria...

...acendendo novos faróis...

...e com nossas mãos dadas frente a essa paisagem, envoltos no amor que fez cruzar nossas estrelas em um único ponto, o Dija e eu iniciamos essa nova dança de realizações. E todas elas (eu já sabia) pedindo muito trabalho, com muita coragem e sem garantias de nada...

...mas, depois de tantos nascimentos, eu já havia contraído um gosto pela queda livre, e as borboletas no estômago não eram mais sinal de tanto medo. Eram mais um *frisson*. Sabor de devir.

Então, plena de frio na barriga e ar nos pulmões,

saltamos.

E percebi que esse pulsar já era parte da minha canção.

20**:

*Assim desejo,
peço e imagino
a canção da partida
(ao meu próximo ato)*

Girando pro espaço, de ponta-cabeça.

Já livre dos pesos,

amiga dos medos.

Sabendo, de mim, infinitas paisagens,

sabendo, do mundo, além das miragens.

Com fogo no peito na noite sem lua,

com água nos olhos, sem trava ou sem culpa.

Com múltiplas redes seguindo seu curso,

com muitos afetos girando nos braços.

Olhando pra frente, sem dor ou saudade,

fiando, no amor, a real liberdade,

com a vida cruzada em lindos caminhos.

Sem horas, só tempo:

um presente infinito.

Sem certo ou errado, só justa medida.

Sem muitas certezas, com novas perguntas.

Com histórias no lombo de mil elefantes,

memórias de gozo em quedas e trilhas.

Com rastro de risos em mim e em outros,

com marcas de quem nunca negou a vida,

assim me despeço

e me entrego à partida:

montada, a galope, pra um próximo sonho.

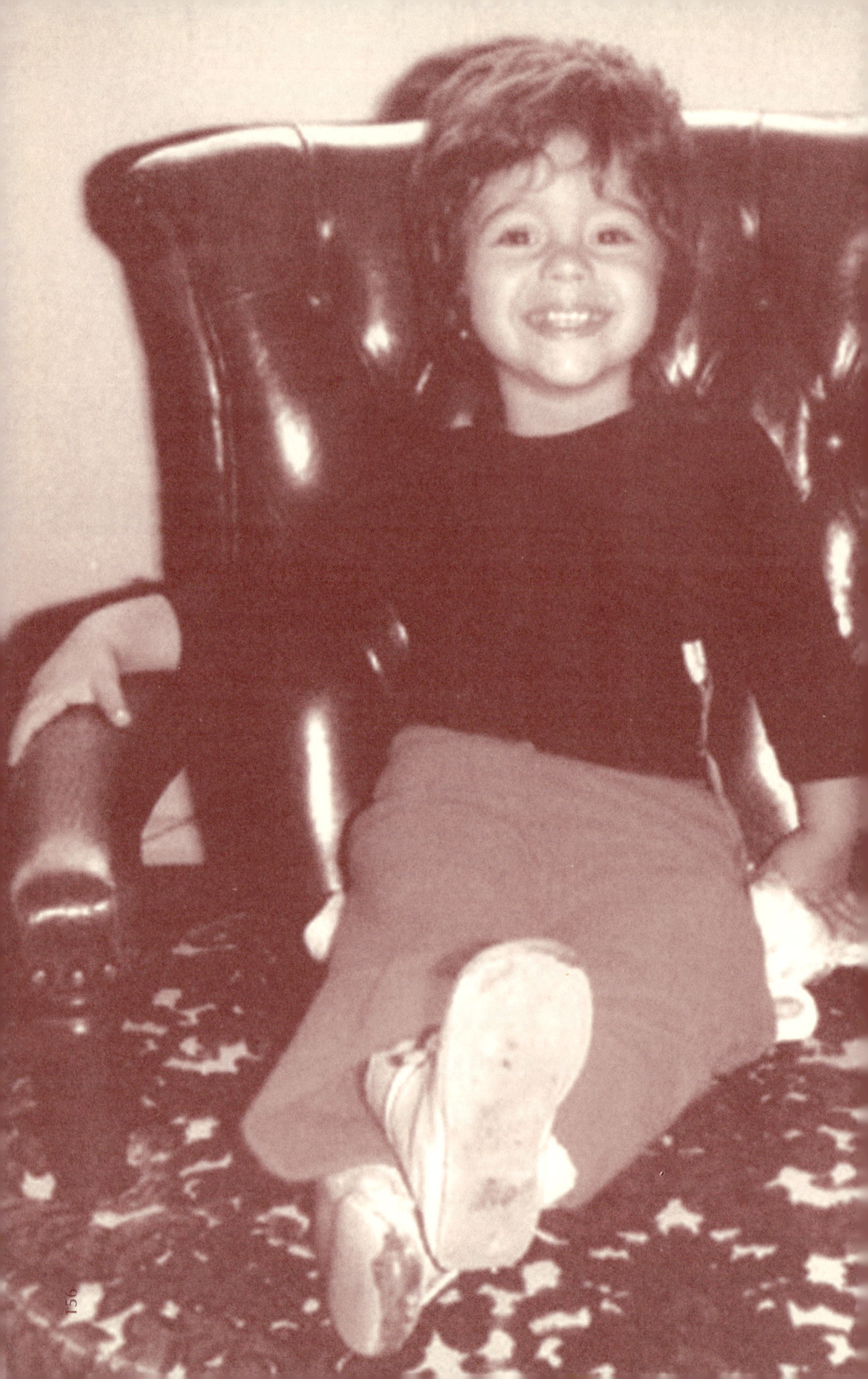

Outro dia me deparei com isso aqui.
Um sorriso de leite.

Fiquei olhando pra ela pedindo conselho: "Diz aí, como é que faz mesmo? Ser assim, tão presente?"

Ela me olhou por um tempo. Não respondeu nada muito sério, nem elaborar muito sabia. Só pulou da cadeira e buscou um livro de histórias, me pediu pra ler enquanto comia sorvete. Sem resposta clara e sem saída, abri.

Em vez do "era uma vez", aquela começava assim:
uma vez, eu era…

Copyright © 2015 by Claudia Pucci Abrahão
Todos os direitos reservados.

O texto deste livro foi editado conforme as normas do novo acordo ortográfico da língua portuguesa, em vigor no Brasil desde 1º de janeiro de 2009.

Editora
Lizandra Magon de Almeida

Capa, projeto gráfico, diagramação e ilustrações
Mila Bottura Dias

Foto de capa
Marlon Brambilla

Revisão
Martha Lopes

Produção gráfica
Júlia Yoshino

Impressão e acabamento
Yangraf

Abrahão, Claudia Pucci
    Canto da Terra; uma partilha em seis partos, um café e três atos / Claudia Pucci Abrahão - 1ª. ed. – São Paulo: Pólen, 2015
    160 p.

    ISBN 978-85-98349-22-0.

1. Parto Domiciliar. 2. Parto Natural. 3. Humanização do Parto I. Título.

14-01752   CDD 618.4

Todos os direitos reservados pela Pólen Livros, 2015
Av. Brig. Luiz Antônio, 2050, cj 81
São Paulo - SP - CEP 01318-002
Tel.: (11) 36756077
www.polenlivros.com.br

Este livro foi produzido em
Optima pela Pólen Livros,
em setembro de 2015